Adorando a Deus com sua vida

SÉRIE
estudos bíblicos
mulher de Fé

Adorando a Deus com sua vida

APRESENTADO POR

Sheila Walsh

Tradução de

Markus Hediger

THOMAS NELSON
BRASIL

Rio de Janeiro, 2021

Título original: *Worshiping God with Our Lives*

Copyright © 2004 por Thomas Nelson.
Edição original por Thomas Nelson. Todos os direitos reservados.
Copyright de tradução © Vida Melhor Editora S.A., 2016.

As citações bíblicas são da *Nova Versão Internacional* (NVI), da Biblica, Inc., a menos que seja especificada outra versão da Bíblia Sagrada.

Os pontos de vista desta obra são de responsabilidade de seus autores e colaboradores diretos, não refletindo necessariamente a posição da Thomas Nelson Brasil, da HarperCollins Christian Publishing ou de sua equipe editorial.

PUBLISHER	Omar de Souza
EDITORES	Aldo Menezes e Samuel Coto
COORDENAÇÃO DE PRODUÇÃO	Thalita Ramalho
PRODUÇÃO EDITORIAL	Luiz Antonio Werneck Maia
COPIDESQUE	Isis Batista
REVISÃO	Francine F. de Souza e Maria Julia Calsavara
CAPA	Douglas Lucas
DIAGRAMAÇÃO	Julio Fado

CIP-BRASIL. CATALOGAÇÃO NA PUBLICAÇÃO
SINDICATO NACIONAL DOS EDITORES DE LIVROS, RJ

K63e
    Adorando a Deus com sua vida / [Thomas Nelson] ; tradução Markus Hediger.
- 1. ed. - Rio de Janeiro : Thomas Nelson Brasil, 2016.
(Série Estudos Bíblicos Mulher de Fé)
Tradução de: Worshiping god with our lives
ISBN 9788578608361

1. Cristianismo. 2. Vida cristã. 3. Deus. I. Hediger, Markus. II. Título.

16-32046   CDD: 248.4
                             CDU: 27-4

Thomas Nelson Brasil é uma marca licenciada à Vida Melhor Editora LTDA.
Todos os direitos reservados à Vida Melhor Editora LTDA.
Rua da Quitanda, 86, sala 218 – Centro – 20091-005
Rio de Janeiro – RJ – Brasil
Tel.: (21) 3175-1030
www.thomasnelson.com.br

Sumário

Prefácio 7

Introdução 9

Versículo temático 11

    Capítulo 1   Definição de glória 13

    Capítulo 2   Digno 21

    Capítulo 3   Nosso maior propósito 29

    Capítulo 4   Qual é a hora certa para você? 37

    Capítulo 5   Em grande escala 45

    Capítulo 6   Um jeito certo? 53

    Capítulo 7   Mérito para quem merece 61

    Capítulo 8   Adoração gloriosa 71

    Capítulo 9   Glórias maiores 79

    Capítulo 10 Glórias do dia a dia 89

    Capítulo 11 Dias intencionais 99

    Capítulo 12 Vivendo para sua glória 107

Vamos fazer uma revisão? 115

Resposta às questões dos capítulos 119

PREFÁCIO

Quando meu filho, Christian, completou sete anos de vida, em dezembro de 2004, Barry e eu compramos um cachorrinho para ele. No momento que Christian segurou aquela Bichon Frisé peluda em seus braços pela primeira vez, eu sabia que ele havia se apaixonado. Christian a chamou de Belle. Eu observei como eles interagiam durante os primeiros dias, tentando evitar que seu entusiasmo juvenil a assustasse e ofuscasse o amor dele e seu coração carinhoso. Eles conheceram as personalidades um do outro, e, dentro de uma semana, Belle começou a dormir aos pés da cama de meu filho. Quando lhe perguntei como era ter seu próprio cachorrinho, ele respondeu, com paixão: "Mãe, eu fui feito para isso!"

De um jeito profundo e espiritual, acredito que todas nós desejamos experimentar esse senso de propósito. Queremos saber para o que nós fomos feitas. Queremos saber que nossa vida importa e que estamos vivendo da melhor forma possível. Talvez, você — assim como eu — caia na cama à noite supresa com o fato de ter sobrevivido a mais um dia, mesmo que tudo que tenha conseguido fazer tenha sido controlar o caos diário em seu lar. A roupa está lavada — mais uma vez! A comida foi preparada, consumida, e a louça foi lavada novamente.

Você não conseguiu praticar os vinte minutos de exercícios que planejava ou ler mais do que algumas linhas de seu livro de cabeceira. São coisas das quais apenas você sentirá falta. A outra lista afeta nossa família, e ignorá-la não é uma opção. Queremos ser boas esposas, boas mães e amigas confiáveis. Mas essas coisas em si não satisfazem nosso anseio passional de saber para o que fomos feitas.

Encontrei a resposta, o tesouro glorioso, numa vida de adoração. Não sei o que passa por sua cabeça quando você reflete sobre uma vida de adoração. Talvez você esteja pensando nos 15 minutos ou nas duas horas — dependendo de sua denominação — que passa de pé na igreja nas manhãs de domingo. Talvez você esteja pensando na música que toca em casa enquanto enfrenta seus afazeres domésticos. Tudo isso também faz parte da minha vida, mas não é a que me refiro quando falo de uma vida de adoração.

Jesus viveu uma vida de adoração. Viveu cada minuto de cada dia com um "Sim!" em seu espírito dirigido ao Pai. Jesus adorava quando curava os cegos e paralíticos. Estava adorando quando purificou o templo, expulsando daquelas salas sagradas os homens que as transformaram em um supermercado para adoradores. Estava adorando no Jardim de Getsêmani quando pediu que o cálice da ira de Deus passasse por ele. Estava adorando na cruel árvore da morte do Calvário. Em cada momento e de todas as formas, Jesus viveu uma vida de adoração.

Se você deseja saber para o que você foi feita, você pode encontrar essa paz e esse propósito numa vida de adoração. Não há maneira mais libertadora de viver do que acordar todos os dias com um "Sim!" em resposta a Deus. Adorar em todos os momentos da nossa vida nos transforma, pois deixamos de tentar ser perfeitas e passamos a descansar na vontade perfeita de Deus, que nos ama com toda a sua paixão.

Oro para que, ao fazer a jornada ao longo deste livro, você seja capaz de dizer com meu filho: "Eu fui feita para isso!"

- Sheila Walsh

Introdução

Conheço poucas pessoas que separam tempo suficiente para reflexão — e conheço muitas que se arrependem por não fazê-lo. Quem disse "o importante sempre é sacrificado no altar do urgente"? Reservar esse tempo é uma maneira melhor de viver. Precisamos refletir sobre quem somos, para onde estamos indo e sobre a vida que Deus nos deu.

— Luci Swindoll

Deixe-me fazer-lhe uma pergunta: quem tem a tarefa de glorificar a Deus? Entre todas as coisas que Deus criou, quais seres foram criados especificamente para dar glória, louvor e honra a ele? A imagem que imediatamente vem à mente envolve uma luz radiante, mantos brancos e auréolas, o bater de asas e vozes em êxtase: "Santo, santo, santo." Querubins e serafins cercam o trono do Pai, adorando e louvando-o. Eles dão glória a Deus 24 horas por dia, sete dias por semana, e continuarão a fazê-lo por toda a eternidade. Quando se trata de honrar a Deus adequadamente, os anjos são perfeitamente equipados para sua tarefa.

Mas espere! Será que os anjos são os únicos seres que foram criados para dar glória a Deus? É claro que não. Nós também fomos. Deus nos criou especialmente para dar glória, honra e louvor a ele. Agora, a maioria de nós prefere não ser a banda que se apresenta após o coro de anjos. Você consegue imaginar? Depois de toda essa beleza majestosa e de pura luz, nossa apresentação seria bastante apagada e pequena. Sozinha no palco, eu me sentiria insignificante em minhas habilidades, fraca em meus esforços e insegura em relação ao que fazer em seguida. Mas não precisamos ter medo. Os anjos fazem o que foram criados para fazer. Não devemos tentar ser anjos. Devemos ser as mulheres que fazem o que foram criadas para fazer. E quando nossas vidas glorificam nosso Pai celestial, cativamos nosso público. Até os anjos ficam maravilhados.

Não somos capazes de estender nossas asas e voar para o céu para juntar nossas vozes ao coro celestial. Ninguém espera que nos esqueçamos de nossas responsabilidades e passemos o dia inteiro em adoração, não é? Neste estudo, analisaremos com cuidado a forma como podemos glorificar a Deus em nosso dia a dia.

*Quem me oferece sua gratidão como sacrifício, honra-me,
e eu mostrarei a salvação de Deus
ao que anda nos meus caminhos.*

Salmos 50:23

CAPÍTULO 1

Definição de glória

*Juro pela glória do Senhor
que enche toda a terra.*

(Números 14:21)

lória é uma palavra comum no vocabulário cristão, mas como você a define? Falamos sobre a glória de Deus: "Teu é o poder e a glória para sempre." Cantamos sobre ela: "A Deus toda a glória, pelas coisas grandes que tem feito." Queremos dar glória a Deus: "Glória a Deus nas alturas." Mas o que significa *glorificar* algo?

O dicionário define *glória* como grande honra, louvor, admiração, distinção, fama e renome. Glorificar algo significa louvá-lo ou honrá-lo, reconhecer sua excelência, homenageá-lo, exaltá-lo e adorá-lo. Em outras palavras, glorificamos a Deus quando lhe dizemos o quanto o admiramos, quando lhe oferecemos a devida honra e quando reconhecemos sua perfeição e seu poder. Podemos glorificar a Deus orando, cantando e proclamando-o aos outros. Quando glorificamos a Deus,

Tirando as ⚐ Teias ⚐ de aranha

Todas as partes da criação de Deus, sejam elas pequenas ou grandes, dão glória a Deus. Do que Deus criou, quais coisas são suas favoritas?

chamamos atenção para seu caráter, louvamos seus atos poderosos para que os outros possam vê-los e focamos nossa atenção nele. Esse ato de louvor ressalta, enfatiza, magnifica e adora.

1. Davi escreveu muitos salmos encorajando o povo a dar glória a Deus. Ele ordenou que Asafe e os outros levitas apresentassem um lindo salmo quando a arca foi levada para a cidade santa. Segundo 1Crônicas 16:29, por que devemos dar glória a Deus?

2. Muitas vezes pensamos em como Deus recebe glória. Você sabia que Deus também dá glória? Leia as seguintes passagens nas Escrituras e relacione-as com a coisa que Deus glorificou.

____ Êxodo 29:43   a. Deus glorifica seu próprio nome.
____ Isaías 60:7   b. Deus glorifica seu Filho.
____ Jeremias 30:19   c. Deus glorifica seu templo.
____ João 12:28   d. Deus glorifica seu tabernáculo.
____ João 13:31   e. Deus glorifica seu povo.

Definição de glória

3. Os pais dão glória aos seus filhos quando lhes dizem o quanto se orgulham deles. Deus foi exemplo disso. Ele não poupou esforços ao dar glória ao seu Filho. Como Pedro se lembra do louvor de Deus ao Filho em 2Pedro 1:17?

4. Na epístola aos Hebreus, o autor explora o lugar maravilhoso que Jesus ocupa no plano de Deus para a nossa salvação. Como Jesus é descrito em Hebreus 1:3?

Você alguma vez já comeu arroz glorificado? É um tipo de sobremesa feita de restos de arroz. Você mistura arroz frio com pedaços de abacaxi e laranja, marshmellows e chantili. O resultado continua sendo arroz, mas ele foi transformado — glorificado!

Fazemos a mesma coisa na época de Natal. Caminhamos nas lojas por entre as fileiras de árvores de Natal e analisamos os diferentes pinheiros. De longe, todas parecem

> *Como podemos encontrar Deus?*
> *Ele está em nossas orações, orientando nossas palavras. Ele está em nossos hinos quando o adoramos. E ele está em nossa boca quando confortamos um amigo ou falamos palavras de sabedoria para uma pessoa que precisa de esperança. Conte suas bençãos. Ele está nelas também.*
>
> Patsy Clairmont

Adorando a Deus com sua vida

iguais, mas uma vez que escolhemos uma árvore e a separamos das outras, nós a glorificamos. Nós a decoramos com coisas cintilantes e lindas, adornando seus galhos até a árvore brilhar. Uma mulher comum pode ser glorificada de muitas formas. Uma delas é quando ela se torna noiva. Separada de todas as outras mulheres, ela é adornada, recebe joias e um véu. Ela brilha com a alegria do dia de seu casamento.

Quando Deus glorifica algo, ele começa com uma coisa bastante comum. Um lugar é igual a outros lugares até que a presença de Deus o transforma em lugar sagrado. Uma mulher é igual a todas as outras mulheres até que a presença de Deus a separa para ele. Apesar de sermos comuns, fomos escolhidas. Apesar de sermos comuns, fomos tocadas pelo divino. Apesar de sermos iguais a todas as outras, fomos revestidas em justiça, vedadas em santidade e adornadas com dons espirituais. Deus nos glorifica.

> *"Nisso vocês exultam, ainda que agora, por um pouco de tempo, devam ser entristecidos por todo tipo de provação." As Escrituras dizem que essas provações vieram "[...] para que fique comprovado que a fé que vocês têm, muito mais valiosa do que o ouro que perece, mesmo que refinado pelo fogo, é genuína" (1Pedro 1:6, 7). Essa fé genuína, refinada pelo fogo, resultará em louvor e glória a Cristo.*
>
> Nicole Johnson

5. Deus glorifica algo apenas para que aquilo seja glorificado? Não. Há sempre uma boa razão pela qual Deus faz o que faz. Por que Jesus diz em João 17:1 que Deus o glorificou?

6. Há algumas outras coisas que podemos aprender sobre dar e receber glória. Em primeiro lugar, precisamos conhecer a fonte apropriada da glória. O que Hebreus 5:5 afirma que Jesus *não* fez?

Definição de glória

7. Deus dá glória, e ele a dá àqueles que ele fez. O que Salmos 8:4-6 diz sobre a glória que Deus deu à humanidade?

8. O que Deus nos dá, segundo Salmos 84:11?

9. Deus merece glória. Deus dá glória. Onde está a glória divina, segundo Salmos 62:7?

> *É fácil acreditar que Deus pode usar nossa vida quando vemos resultados imediatos, quando um efeito positivo nos encoraja a continuar. É difícil continuar andando quando há poucos indícios de que aquilo que realizamos está fazendo uma diferença.*
>
> Sheila Walsh

ADORANDO A DEUS COM SUA VIDA

Para aprofundar o tema

O ordinário se torna extraordinário quando é tocado por Deus. Dê uma olhada nestas passagens. O que acontece em cada versículo quando o Senhor toca alguém?

- Isaías 6:7
- Mateus 8:15
- Lucas 7:14
- Jeremias 1:9
- Marcos 1:41

Para ponderar e orar

Ao longo dos próximos dias, abra seus olhos para as coisas que dão glória a Deus: sua criação, seu povo, seu plano, sua Palavra, seu Filho e seu Espírito. O que você pode fazer para contribuir para a glória de Deus? Nesta semana, você pode orar para que Deus toque sua vida. Ore para que sua vida dê glória a Deus.

Joias para guardar

No final de cada lição, você receberá um pequeno presente. Apesar de ser apenas imaginário, ele servirá para lembrá-la das coisas que você aprendeu. Imagine isso como uma lembrança. Lembranças são pequenos objetos que compramos ou trazemos de nossas viagens para lembrar-nos do caminho que percorremos.

Definição de glória

Esconda essas pequenas joias em seu coração, pois, quando você contemplá-las, elas a aproximarão de Deus.

Sua lembrança para essa primeira semana a fará recordar de que toda glória pertence a Deus. Ele é digno de glória, e cabe a ele dar glória. Seu presente é um punhado de arroz. Algo simples, humilde e comum — até ser glorificado. Lembre-se de que, quando Deus glorifica algo, ele o faz para que a glória seja devolvida a ele. Viva uma vida que dê glória a Deus!

Adorando a Deus com sua vida

Anotações e pedidos de oração

CAPÍTULO 2

Digno

Por amor de mim mesmo, por amor de mim mesmo, eu faço isso. Como posso permitir que eu mesmo seja difamado? Não darei minha glória a um outro.

(Isaías 48:11)

Ser o número um é muito importante no nosso mundo. A mídia nos mantém informados sobre os filmes campeões de bilheteria, os livros campeões de venda, as músicas mais populares e os programas de televisão mais premiados. Nós coroamos rainhas em concursos de beleza ecompetições de talento. Há campeonatos de futebol, copas do mundo e jogos olímpicos. Acompanhamos os números, o aumento e a queda de pontos percentuais, os preços das ações, candidatos, a classificação dos times, os recordes de vendas, as margens de lucro e os orçamentos. Pessoas escalam seu caminho até o topo. E aqueles que chegam ao topo conquistam fama e fortuna — durante o tempo em que conseguem defender seu título.

É fácil cair na armadilha dessa busca por importância. Todos nós

Tirando as
⚹ teias ⚹
de aranha

Dizem que todos têm seus 15 minutos de fama. Você já teve os seus?

> *O desejo de Deus é que sua Palavra e seu Espírito sejam os guias da nossa vida. Ser um seguidor de Jesus significa tornar-se mais e mais semelhante a ele, permitindo que seu Espírito nos transforme em tudo que fomos criados para ser. Isso, minhas amigas, acontece de dentro para fora.*
>
> Luci Swindoll

queremos alcançar algo na vida e ser reconhecidos por isso. Mas, ao conseguirmos, tentamos ganhar glória para nós mesmos. A Bíblia nos lembra de que, no fim, apenas um é digno de glória. Não importa o que pesquisas, gráficos e nomeações possam dizer, no fim, toda a glória pertence a Deus.

1. Há um que é digno de toda glória — Deus. Estude estas Escrituras que nos informam alguns de seus nomes mais gloriosos.

- Salmos 24:10 foi usado como texto de uma das músicas do *Messias*, de Händel. O que ele atribui a Deus?
- Como Paulo descreve Deus em Efésios 1:17?
- Como Jesus é chamado em 1Coríntios 2:8 e Tiago 2:1?

2. Qual é a oração do salmista em Salmos 115:1? Você consegue repeti-la?

DIGNO

3. Deus é um Deus zeloso e não compartilha sua glória com qualquer outra pessoa. Ele escreveu isso nos próprios Dez Mandamentos (no segundo, na verdade). O que Deus diz sobre sua glória em Isaías 42:8?

4. Deus é único e o único que é digno de honra. Ninguém pode fazer o que ele fez. O que ele é ninguém pode esperar ser. Segundo o coro celestial em Apocalipse 4:11, por que o Senhor merece glória?

5. Façamos uma lista. Segundo Apocalipse 5:12, o que Jesus é digno de receber?

> *Passaremos por provações, mas podemos nos submeter a elas para que a nossa fé, a coisa mais preciosa que possuímos, possa ser autêntica. Quando as pessoas veem as nossas vidas, elas sabem que somos pessoas honestas. O sofrimento nos torna verdadeiros, e isso traz glória para Deus.*
>
> Nicole Johnson

Adorando a Deus com sua vida

Existe uma brincadeira que meu filho de três anos adora fazer. Ela aparece a todo momento — durante o banho, no carro e quando o coloco na cama. É um jogo simples, mas é algo que ele ama. "Quem é o maior?", ele pergunta em voz alta. "Quem é o maior e o mais forte?" Minha tarefa é fazer sugestões. Eu vasculho meu cérebro para encontrar as respostas mais criativas — aquelas que o fazem rir.

Mas não importa que respostas eu dê para a pergunta, a resposta dele é sempre: "Não!"

"É o papai? É o vovô? É uma baleia? É um caminhão? É um urso? É uma montanha?"

Por fim, quando desisto de adivinhar, ele orgulhosamente anuncia a resposta que, em sua opinião, eu não conheço: "Jesus!" Para o meu garotinho, Jesus é o maior e o mais forte e o mais rápido e o melhor. Jesus é seu herói, a única pessoa digna de admiração. Ele é o meu herói também.

> *Senhor, quantas vezes nos chocamos com os limites que tu estabeleceste para o nosso crescimento e refinamento. Lembra aqueles de nós que por se perderem tanto com o que é terreno acabam perdendo o que é celestial. Teu plano para cada um de nós não é de feitio terreno, mas de paz celestial. Amém.*
>
> Marilyn Meberg

6. Segundo Salmos 97:6, onde a glória de Deus se manifesta a nós? Indique um lugar em que sua glória é visível.

7. Para alguns, as glórias da criação não bastam. O que Moisés pede de Deus em Êxodo 33:18?

DIGNO

8. Mais tarde, quando o Tabernáculo e o Templo haviam sido construídos, as pessoas ficaram admiradas com a indicação visível da presença de Deus em seu meio — com a glória *shekinah*. O que Salmos 26:8 e Salmos 63:2 dizem sobre a glória de Deus?

9. Qual seria sua reação à presença gloriosa do Senhor em seu coração e em sua vida? Como ela deveria se comparar à reação do povo de Deus a ele em 2Crônicas 7:3?

> *Às vezes, sinto-me presa num "chamado", mas não me sinto chamada. Quero fazer a minha vontade, mas sou constantemente lembrada de que Deus quer que eu faça a sua vontade. Eu me sinto ressentida em relação a Deus por causa disso. Não gosto dessa sensação.*
>
> Luci Swindoll

10. Somente Deus é digno desse tipo de honra e glória. Até mesmo os profetas do Antigo Testamento sabiam que Deus seria glorificado. O que Habacuque 2:14 diz sobre a glória de Deus?

Para aprofundar o tema

As Escrituras dizem que somente Deus é digno de louvor. Até mesmo seu nome é digno de honra e respeito. Leia estas passagens bíblicas que falam sobre o nome glorioso de Deus:

- Salmos 8:1
- Salmos 72:19
- Salmos 148:13
- Salmos 29:2
- Salmos 105:3

Para ponderar e orar

"Darei graças ao SENHOR por sua justiça; ao nome do SENHOR Altíssimo cantarei louvores" (Salmos 7:17). Nós louvamos Deus dando-lhe glória por causa daquilo que ele é. Quando você estiver procurando meios e razões para dar glória a Deus, o caráter dele é um bom ponto de partida. Quando você meditar e orar nesta semana, procure pelas razões pelas quais Deus é digno de louvor. Pergunte-se: "Por que ele é o único digno de louvor?" Então, faça sua lista a partir de seus momentos de devoção e adoração.

Joias para guardar

As pessoas valorizam coisas raras — coisas difíceis de achar ou únicas. Por isso, ouro é um metal precioso. Por isso, diamantes são tão caros. Por isso, antiguidades e obras de arte originais são

DIGNO

tão valiosas. Deus sempre amou coisas raras e únicas. Afinal de contas, é ele quem faz os flocos de neve, e nenhum é igual a outro. E ele criou cada pessoa na Terra como uma obra-prima única, portanto, nós também somos raras e preciosas. Mas todos nós sabemos que, apesar de existirem muitas pessoas, existe apenas um único Deus. É por isso que cantamos: "Senhor, tu és mais precioso do que prata. Senhor, tu és mais caro do que ouro." Por isso, o tesouro desta semana será uma moeda de ouro para lembrá-la do quanto Deus é mais precioso do que as coisas mais caras do mundo. Ele é único e, por isso, é digno de toda glória.

Anotações e pedidos de oração

CAPÍTULO 3

Nosso maior propósito

*De longe tragam os meus filhos, e dos
confins da terra as minhas filhas; todo o que
é chamado pelo meu nome, a quem criei para
a minha glória, a quem formei e fiz.*

(Isaías 43:6-7)

Você comprou algum utensílio tecnológico recentemente? Você sabe do que estou falando — todos esses aparelhos que facilitam nossa vida e sem os quais já não conseguimos mais viver. Mas o prazer de possuir algo novinho em folha rapidamente se dissolve diante de perguntas perturbadoras: "Para que serve esse botão?" "O que esse interruptor faz?" "Como é que eu faço isso?" Quanto mais esses aparelhos pretendem facilitar nossa vida, mais complicadas são as instruções de como usá-los.

Certa vez, eu fiquei orgulhosa de mim mesma por saber como ajustar a hora em nosso velho videocassete. Agora não consigo decifrar para que servem todos aqueles botões no controle remoto da TV. Quem *usa* todos aqueles botões? Se você quiser

Tirando as ⚘ teias ⚘ de aranha

A maioria das pessoas relaciona seu propósito de vida com os papéis que exerce no momento. Quais são alguns dos papéis que você exerce neste momento — mãe, presidente de alguma comissão, avó, professora, supervisora, pacificadora, administradora, esposa?

29

aproveitar ao máximo o seu novo aparelho eletrônico, você precisa entrar na internet e tentar encontrar o manual de instruções. Com um pouco de paciência e um diploma em ciência espacial, você consegue decifrar o jargão técnico e estará quase lá!

Infelizmente, não existe manual de instruções para a vida. A vida pode não confrontá-la com o caos de múltiplos botões, mas precisamos escolher a que vamos conectá-la. Precisamos fazer escolhas e compromissos, e não há uma seção das perguntas mais frequentes que possamos consultar. Nós daríamos muito por uma instruçãos sobre a nossa missão, mesmo se tivéssemos que enfrentar um jargão técnico complicado para entendê-la. Um processador de alimentos faz suco. Um celular envia mensagens. E uma pessoa foi criada para... o quê?

> *Como abrimos mão de nossa agenda? Como podemos dizer com toda sinceridade: "Que seja feita a tua vontade, não a minha, Senhor?" Para mim, a resposta a essa pergunta pode ser encontrada em meu entendimento e na minha aceitação da soberania de Deus. Todas as ocorrências na terra e na minha vida acontecem em conformidade com o propósito dele— não meu, dele.*
>
> Marilyn Meberg

1. Por que Deus fez as pessoas? Acabamos sendo uma espécie de incômodo, e mesmo assim Deus nos mantém vivos. Segundo Isaías 43:7, por que fomos criados?

2. Graças a Deus, não estamos sós nesse propósito. O que mais dá glória a Deus, segundo Davi, em Salmos 19:1?

NOSSO MAIOR PROPÓSITO

3. Quem trará glória a Deus, segundo Apocalipse 5:13?

> *Talvez haja pouca satisfação imediata naquilo que você foi chamada a fazer, mas, se você continuar fielmente e atravessar a noite, o Senhor é aquele que lhe entregará a recompensa.*
>
> Sheila Walsh

4. Então é isso que toda a criação está fazendo neste momento? Estamos cumprindo nosso propósito original? Caso contrário, o que deu errado? O que Paulo diz sobre isso em Romanos 3:23?

Não só a nossa vida vem sem um manual de instruções, como também o nosso *hardware* está danificado. Temos um erro fatal em nossos sistemas. O pecado opera em nossos circuitos e danifica nossa placa-mãe. É como um erro no programa ou um vírus. Isso nos confunde, nos cega e nos afasta do Criador. Em vez de vivermos vidas que glorificam a Deus, nós trabalhamos contra Deus e seus planos. Continuamos vivendo e fazendo coisas, mas completamente erradas! É como tentar fazer uma torrada num liquidificador ou assar biscoitos na máquina de lavar roupas.

31

ADORANDO A DEUS COM SUA VIDA

5. As pessoas da Terra foram feitas para glorificar a Deus, mas o pecado se instalou, e assim Deus teve de se contentar com pouco. Veja a progressão nestes versículos:

- Por onde Deus começou? Quem foi o primeiro a dar glória a Deus, segundo Salmos 22:23?
- Quem virá e dará glória a Deus, segundo Salmos 86:9?
- No fim, quem dará glória ao Pai, segundo Filipenses 2:11?

> *A que você está resistindo? Deus tem cutucado você para entrar em ação, e você tem dito "não" repetidas vezes ou "bem, talvez" em voz tão baixa que ninguém pode ouvi-la? Posso dizer-lhe, por experiência própria, que a mesma coisa para a qual dizemos "não" pode muito bem ser uma bênção de Deus disfarçada. Ele quer nos abençoar; ele quer nos amadurecer; ele quer tirar-nos de nossa zona de conforto.*
>
> Luci Swindoll

6. Segundo 2Coríntios 3:18, como Deus trabalha em nós, reparando-nos para levar-nos de volta para o nosso propósito glorioso?

7. Que mais Paulo diz sobre a forma como nossa vida deveria glorificar Deus em 1Coríntios 6:20?

NOSSO MAIOR PROPÓSITO

8. O que Deus promete em Salmos 50:15, e qual é a nossa resposta?

9. A bem-aventurança de Judas nos versículos 24 e 25 em sua carta fala sobre essas duas coisas: a mão de Deus em nossa vida e como Deus merece ser glorificado. Segundo Judas 24, quais são as duas coisas que Deus faz por nós? E o que ele dá a Deus em troca no versículo 25?

Para aprofundar o tema

É muito fácil pensar: *Ei, não sou tão ruim assim*. Infelizmente, essa postura já é prova do domínio sutil do pecado. A fim de erradicar o pecado no nosso coração, precisamos nos humilhar, chamar o pecado de pecado e levá-lo a Deus em confissão. Vejamos alguns versículos que podem nos ajudar com o pecado e a renovação:

Adorando a Deus com sua vida

- João 8:34
- Romanos 7:15-20
- Tiago 1:15
- Romanos 6:12-13
- Romanos 6:12-13
- 1João 1:8

Para ponderar e orar

Nesta semana, faça da glória o seu propósito e sua oração. Peça para que Deus continue sua obra de renovação em você a fim de que você possa cumprir seu propósito original. Ore por uma visão aguçada para identificar o pecado que atrapalha você e por um coração tenro disposto a confessar e mudar seus caminhos. As mudanças em seu espírito servirão como testemunho para cada pessoa que a conhece. Você pode se juntar a toda a criação declarando a bondade, a majestade e o amor de Deus.

Joias para guardar

Na minha infância, um dos primeiros versículos que decorei foi Salmos 19:1: "Os céus declaram a glória de Deus; o firmamento proclama a obra das suas mãos." Quando contemplamos as estrelas, ficamos impressionados. A extensão, a majestade, a complexidade, a beleza — tudo aponta para a grandeza do nosso Deus. Mas nós também devemos trazer glória a Deus. Nossa pequena vida pode declarar glória a Deus de forma tão eficaz quanto todas as estrelas no céu. Por isso, sua joia desta semana é uma estrela. Não se deixe desencorajar. As estrelas cumprem seu propósito, e nós também. Não importa quão pequenos seus esforços e a sua eficácia possam parecer, continue brilhando, estrela pequenina!

NOSSO MAIOR PROPÓSITO

Anotações e pedidos de oração

CAPÍTULO 4

Qual é a hora certa para você?

No entanto, está chegando a hora, e de fato já chegou, em que os verdadeiros adoradores adorarão o Pai em espírito e em verdade. São estes os adoradores que o Pai procura.

(João 4:23)

Muitas de nós não faziam ideia de que deveríamos viver para a glória de Deus. Não sabíamos nem mesmo que isso estava na descrição de nossa missão. E assim nos vimos confrontadas com um pequeno dilema: "Opa! Eu não sabia que este era meu propósito de vida. Talvez eu deva incluir um pouco de glorificação em minha rotina."

E assim abrimos nossa agenda, folheamos as páginas do calendário e tentamos resolver isso. Os horários já estão bem ocupados, por isso, encontrar uma brecha vai ser difícil. Não é nada simples aplicar uma declaração de missão novinha em folha em uma

Tirando as ⚔ teias ⚔ de aranha

Você é uma pessoa que ama mais a noite ou a manhã?

vida já resolvida. Devemos redefinir as prioridades do nosso dia para arrumar um espaço para a glória de Deus? Ou talvez seja melhor manter a agenda como está e arrumar uns minutos a mais na manhã. Poderíamos acordar mais cedo. Se não formos pessoas que gostam da manhã, então talvez seja melhor estender a noite para dedicar um pouco de tempo de qualidade a Deus. O que você acha? Quando é apropriado glorificar a Deus?

1. Segundo Isaías 24:15, quando deveríamos glorificar a Deus?

> *Deus fala conosco em voz clara. Ele diz o que pensa. Quando ele diz que providenciará algo, podemos contar com isso. Quando ele promete paz, sabedoria, força ou consolo, tudo isso já nos pertence. Deus dá a sua palavra e a cumpre. Suas palavras importam! Isso é um consolo enorme para mim.*
>
> Luci Swindoll

2. Enquanto Isaías saúda o amanhecer com louvor, Davi demonstra que se levanta ainda mais cedo. Sua adoração começa antes do amanhecer. Quais são as primeiras palavras dele nas primeiras horas da manhã, segundo Salmos 57:8-11?

QUAL É A HORA CERTA PARA VOCÊ?

3. Segundo Salmos 65:8, aqueles que amam e temem a Deus encontram razões para regozijar... quando?

4. Por que limitar suas oportunidades de glorificar Deus ao dia? Em Salmos 63:6 e 119:148, quando é que Davi diz encontrar tempo para falar com seu Senhor?

5. Já falamos sobre a manhã, a tarde e a noite inteira. Adivinha o que ainda resta? Em Salmos 44:8 e 89:16, quando é que o salmista diz dar louvor a Deus?

> *Querida amiga, aproveite seu dia — este dia —, ele é um presente. Segure-se na mão de Deus. Ele a ajudará a desembrulhar o dia para, então, celebrá-lo. E sua graça será suficiente para qualquer necessidade que você possa ter.*
>
> Patsy Clairmont

ADORANDO A DEUS COM SUA VIDA

6. Até quando isso durará? O que Salmos 75:9 diz sobre isso?

7. Apesar de louvarmos o Senhor desde agora até nosso último suspiro, a glória de Deus não chegará ao fim só porque nós morreremos. As Escrituras dizem clara e incansavelmente que Deus terá a glória até... Quando? Leia Filipenses 4:20, se você quiser saber a resposta.

Lembra-se de Ester? Ela teve que fazer uma escolha difícil. Ela deveria arriscar sua vida para o bem de seu povo? Ou deveria ficar calada e esperar que tudo se resolvesse sozinho? Enquanto ela estava ponderando suas opções, seu sábio primo Mordecai lhe enviou uma mensagem surpreendente: "Não pense que pelo fato de estar no palácio do rei, de todos os judeus só você escapará, pois, se você ficar calada nesta hora, socorro e livramento surgirão de outra parte para os judeus, mas você e a família de seu pai morrerão" (Ester 4:13-14). Ester poderia ter se recusado a se manifestar, mas se ela o fizesse, isso não teria selado o destino de seu povo. Deus teria simplesmente usado outra pessoa para cumprir seus propósitos.

QUAL É A HORA CERTA PARA VOCÊ?

Nós também temos uma escolha. Podemos glorificar a Deus na nossa vida e colher benefícios eternos por nossos esforços. Ou podemos tentar nos esconder dos propósitos de Deus e ignorar o chamado do Senhor. Mas, se fizermos isso, é bem possível que sejamos ignorados e que o nosso lugar seja dado a outra pessoa. Podemos perder a oportunidade de experimentar algo verdadeiramente maravilhoso. Deus *será* glorificado, com ou sem a nossa ajuda. Você não prefere fazer parte disso?

> *Às vezes, sabemos que precisamos de um refresco, mas somos preguiçosas demais na rotina da vida — ou ocupadas demais com aquilo que consideramos "importante" — para parar e renovar nossas forças espirituais. Às vezes, a vida nos ocupa tanto que simplesmente não nos damos conta da nossa necessidade.*
>
> Sheila Walsh

8. Deus pode usar qualquer coisa para a sua glória, até mesmo as pessoas mais improváveis. Você se lembra do Jonas relutante? Do Jacó dissimulado? Da Marta ocupada? Leia Romanos 9:17. Quem Deus levantou para que propósito?

9. Então, se você for "Louvar a Deus no seu santuário, louvá-lo no seu poderoso firmamento" (Salmos 150:1), qual é a hora certa para você?

ADORANDO A DEUS COM SUA VIDA

> *O Criador criou cada uma de nós como ser único. Não há ninguém que seja exatamente igual a nós, e jamais haverá. Cada uma de nós é sua criação especial e vive para um propósito específico. Por causa disso, a pessoa que somos e a contribuição que fazemos sendo essa pessoa são de importância vital para Deus.*
>
> Luci Swindoll

PARA APROFUNDAR O TEMA

Há algo poético nas diferentes doxologias e bem-aventuranças que encontramos na Bíblia. Algumas das expressões se tornaram tão familiares que elas saem da nossa boca em tom triunfal. Nós as amamos porque elas resumem a verdade de forma eloquente. Veja estes versículos. Cada um deles corrobora que Deus será glorificado para sempre.

- Salmos 104:31
- Gálatas 1:5
- 1Pedro 5:11
- Romanos 11:36
- Efésios 3:21

PARA PONDERAR E ORAR

Nesta semana, sua oração deve ser: "Sim, Senhor!" Diga a ele que você quer obedecer ao seu chamado. Diga a ele que você quer fazer parte de seus planos. Em vez de tentar encaixar a glória de Deus em suas rotinas confortáveis, peça que Deus lhe mostre como reorganizar sua vida para que ela se encaixe nos propósitos centrais dele. Eventualmente, todos serão obrigados a dar glória a Deus, mas diga a ele que você quer dar glória a ele agora mesmo — e daqui em diante.

Joias para guardar

Você percebeu que, quando damos a nossa vida a Deus, estamos lhe dizendo que queremos que ele seja dono de todos os nossos anos, meses e dias? Agora suas manhãs e suas noites pertencem a ele. Cada hora deveria ser vivida para a sua glória. Cada momento precioso pertence ao nosso Senhor. Um compromisso e tanto, não é? O pequeno presente desta semana é um relógio. Enquanto ele marcar as horas e os minutos de seu dia, permita que ele a lembre de preencher aqueles intervalos de tempo com as coisas que tragam glória para nosso Pai celestial. Quando você vive com ele, cada segundo conta!

Adorando a Deus com sua vida

Anotações e pedidos de oração

CAPÍTULO 5

EM GRANDE ESCALA

*Meu Pai é glorificado pelo fato de
vocês darem muito fruto;
e assim serão meus discípulos.*

(João 15:8)

No início da minha adolescência, descobri o mundo do bordado. Eu havia visto como minha tia Diane fez um lindo bordado com um padrão de Papai Noel para o Natal durante um dos nossos encontros de outono, e ela me deu um pedaço de tecido e um fio. Minha tia Mary Jean tinha uma pilha enorme de livros com padrões que ela me emprestou. Logo eu estava gastando toda a minha mesada em padrões, tecido e fios de bordado.

O único problema era: eu não queria começar pelo início. Os projetos fáceis eram tampas de jarros e marcadores de livros. Que tédio! Eu queria fazer algo que pudesse colocar numa moldura e pendurar na parede. O mesmo aconteceu quando comecei a fazer *patchwork*. Qualquer uma poderia fazer um *nine-patch* ou um *quilt* usando

TIRANDO AS ⚘ TEIAS ⚘ DE ARANHA

Desde a Torre de Babel, as pessoas têm tido uma preferência por fazer coisas em grande escala. A Estátua da Liberdade, o Mount Rushmore e até mesmo a maior bola de barbante do mundo. Quais são as atrações em grande escala que você já viu?

45

a técnica volta ao mundo. Eu comecei com um Dresden® plate e depois ataquei um *quilt* duplo de anel de casamento. Algo dentro de mim não tinha paciência. Não queria gastar tempo fazendo algo que fosse apenas um degrau para a próxima coisa. Eu queria ir diretamente para onde eu queria estar no fim. Fazer as coisas um passo por vez é difícil para mim. Eu prefiro fazer as coisas em grande escala.

Creio que algumas de nós enfrentam o mesmo dilema na vida espiritual. Queremos glorificar a Deus e adorá-lo com nossa vida, e acreditamos que isso significa fazer algo realmente grande, realmente maravilhoso e realmente impressionante. Então, fazemos das duas, uma: ou pulamos alguns degraus e tentamos fazer demais de uma só vez ou desistimos, acreditando que não somos boas o suficiente para fazer algo grande para Deus. Você se vê em qual dessas situações?

1. Quantas de vocês já olharam para sua vida espiritual e pensaram: *Eu queria ser como Davi. Eu queria ser conhecida como mulher segundo o coração de Deus!* Você também estaria disposta a adotar o objetivo espiritual de Davi? O que ele promete fazer em Salmos 45:17?

> *Por que, às vezes, as tarefas de casa me esmagam, levando-me a odiar o dia? Por que, em outros dias, eu fico entusiasmada, adorando o dia? Perspectiva! A perspectiva é tudo.*
>
> Luci Swindoll

EM GRANDE ESCALA

2. Deus chama muitos, mas ele chama a cada um para coisas diferentes. Deus chamou Davi para alcançar gerações inteiras de pessoas com a história de sua vida e com seus hinos. Talvez você não consiga fazer isso, mas há algo que você pode fazer para alcançar uma geração inteira — talvez a próxima geração? Segundo Deuteronômio 4:9, o que você pode fazer?

3. Deus é glorificado por meio de coisas que talvez nem imaginemos. Não precisamos abrir um orfanato ou iniciar um ministério de rádio para refletir a glória de Deus. Quais são as coisas maravilhosas que, segundo 1Pedro 1:8-9, podemos fazer?

4. Leia Salmos 21:4-6. Segundo o versículo 5, o que trouxe glória para a vida de Davi — uma glória que agora ele devolve ao Senhor escrevendo esse salmo?

> *Às vezes, procuramos tanto pelo milagroso que ignoramos a realidade óbvia de sua proximidade onipresente.*
>
> Patsy Clairmont

47

ADORANDO A DEUS COM SUA VIDA

5. Também queremos fazer coisas grandes para Deus, mas é isso que Deus quer que façamos? Para algumas de nós, a resposta pode ser "sim". Mas, para outras, nossos devaneios e ambições podem estar obstruindo a visão das coisas que estão bem à nossa frente. Deus honra aqueles que decidem ser fiéis, até mesmo nas menores coisas. Como Jesus expressa isso em Lucas 16:10?

Alguns anos atrás, li uma ilustração maravilhosa sobre o fruto espiritual, e essa imagem tem me acompanhado desde então. Digamos que nossas vidas são como macieiras. No processo natural de crescimento, uma árvore brota e floresce, e as maçãs nascem em seu devido tempo. Muitas vezes, estamos impacientes para ver os resultados em nossa vida espiritual. Queremos ser sábias *agora*. Queremos amadurecer *agora*. Queremos ser respeitadas, admiradas, procuradas. E assim, em nossa pressa, começamos a amarrar maçãs já amadurecidas nos galhos da nossa árvore espiritual.

Essas maçãs emprestadas parecem maravilhosas na árvore durante algum tempo, mas sua glória desaparece rapidamente, pois esses frutos não estão ligados à árvore. Não há nada que os alimente, assim eles apodrecem onde estão pendurados. O fruto espiritual verdadeiro cresce com o tempo. Você não pode apressar seu amadurecimento e não pode simulá-lo. Por isso, não acredite que você pode trazer glória a Deus de forma mais impressionante fazendo de conta ser algo que não é. A Árvore conhece a verdade sobre quem e o que nós realmente somos.

EM GRANDE ESCALA

6. Você pertence a Jesus, que lhe dá uma oportunidade única, independentemente de sua vida. O que Paulo diz que acontecerá, segundo 2Tessalonicenses 1:12?

7. Com isso em mente, como devemos agir? Jesus nos oferece sua própria sensatez em Mateus 5:16. O que ele espera de nós?

8. Paulo chama isso de caminhar de forma digna ao seu chamado. Que direção ele recomenda em Romanos 2:7?

> *Sua ideia de criar um espaço onde você possa estar sozinha pode não ser igual à minha, e não há problema nisso. Mas posso prometer-lhe que, se você não aprender que a solidão é sua amiga, e não sua inimiga, se você não se sentir à vontade "permanecendo em sua própria órbita", você terá pouco a dar para os outros.*
>
> Luci Swindoll

49

ADORANDO A DEUS COM SUA VIDA

9. Por fim, vejamos o conselho sábio de Pedro. O que ele nos encoraja a fazer em 1Pedro 4:11, e o que resultará disso?

PARA APROFUNDAR O TEMA

Dizemos que acreditamos que a Bíblia é verdadeira, mas muitas vezes não vivemos de forma que reflita os ensinamentos que encontramos nela. Não estamos fazendo o que dizemos fazer! Paulo insistiu nisso em todas as suas epístolas. Ele queria que as mulheres e os homens que eram chamados pelo nome de Cristo — os cristãos — vivessem uma vida digna do nome que ostentavam. Aqui estão algumas passagens que falam sobre um andar digno:

- Efésios 4:1
- 1Tessalonicenses 2:12
- Colossenses 1:10
- Apocalipse 3:4

PARA PONDERAR E ORAR

Ah, queremos ser gigantes da fé! Ah, queremos ser reconhecidas como guerreiras de oração, como santas, como mulheres de fé! Ah, queremos servir ao Senhor em grande escala! Permita que Deus lhe ensine como ser fiel nas coisas pequenas e a ser paciente

EM GRANDE ESCALA

enquanto ele a nutre até a maturidade. Quando você passar seu tempo com o Senhor nesta semana, ore por sua ajuda enquanto você lhe dedica seus momentos. É mais fácil gastar nossos dias de modo egoísta, para nosso próprio prazer e conforto. Não é fácil viver para outra pessoa, mas é justamente para isso que Cristo nos chamou.

Joias para guardar

Todas nós queremos fazer coisas grandes para Deus, mas ele nos lembra de começar do início. Antes de sermos chamadas para sermos fiéis nas coisas grandes, precisamos demonstrar que sabemos ser fiéis nas coisas pequenas. O presente desta semana é uma maçã. Talvez desejemos que nossa vida esteja carregada de frutos espirituais amadurecidos, mas essas maçãs precisam de tempo para amadurecer. Que sua maçã a lembre de ser paciente enquanto Deus lhe ajuda a crescer. Não ceda à tentação de amarrar maçãs amadurecidas em seus galhos, fazendo de conta que você é algo que não é. Use os dons que Deus lhe deu com fidelidade, e sua vida trará glória a Deus.

Adorando a Deus com sua vida

Anotações e pedidos de oração

CAPÍTULO 6

Um jeito certo?

De todo o meu coração te louvarei, Senhor, meu Deus; glorificarei o teu nome para sempre.

(Salmos 86:12)

Gosto de fazer as coisas do meu jeito. Por causa disso, não gosto de pedir ajuda. Acho que as pessoas fazem tudo errado. Bem, talvez não errado — mas de um jeito diferente de como eu gosto de fazer as coisas! Não que eu não seja grata pela ajuda, mas normalmente sou obrigada a fazer tudo de novo para que as coisas fiquem como eu queira.

Todas nós achamos que certas coisas precisam ser feitas do nosso jeito, não é? Algumas podem ser muito exigentes com a ata de reuniões, outras gostam de calcular o orçamento de maneira específica, outras têm suas preferências quando se trata de organizar os ícones na tela do computador. Algumas têm seu jeito de lavar a louça, de organizar os copos no armário, de arrumar as almofadas no sofá, de

Tirando as ⚘ teias ⚘ de aranha

Todas nós somos chatinhas em relação a determinadas coisas — a organização dos armários na cozinha, a maneira como rotulamos e organizamos o nosso sistema de arquivos no trabalho ou a marca de manteiga que compramos. Qual é a área em que você insiste em fazer as coisas do seu jeito?

dobrar as roupas, os panos de prato e as roupas íntimas ou de organizar as meias.

Alguns dos meus próprios hábitos me foram transmitidos. Por exemplo: eu dobro minhas toalhas de banho da mesma forma como minha mãe faz. Outros foram adquiridos por causa de sua eficiência, como meu método para arrumar a cozinha após as refeições. Eu varro o chão de determinada forma, passo o aspirador de determinada forma, passo a roupa de determinada forma — gosto de fazer tudo do meu jeito!

No entanto, é importante saber que meu jeito de empilhar os pratos na bancada da cozinha não é, na verdade, o jeito *certo*. É apenas *meu* jeito. Então, quando minha sogra lava a louça para mim e a empilha do seu jeito, ela não o faz do jeito errado. Deus nos fez de forma única, portanto, faz sentido que cada uma de nós tenha seu próprio jeito de abordar a vida e suas obrigações. Somos todas diferentes — em personalidade, temperamento, dons, habilidades, preferências, desgostos, zonas de conforto, entusiasmo, tendências e reações. E é bom lembrar também que não há jeito certo de glorificar a Deus e adorá-lo com nossa vida. Cada uma de nós reflete a glória de Deus de forma singular.

1. Existe, porém, "um jeito certo" que *precisamos* mencionar. Mas depois disso, você precisa dar espaço às diferenças. Veja João 14:6. Qual é o único jeito de chegar a Deus?

Um jeito certo?

2. Alguma vez você já se perguntou se, independentemente de como você tente glorificar a Deus, você nunca vai conseguir fazer as coisas do jeito certo? Quais são as palavras de conforto que Pedro nos oferece em 2Pedro 1:3?

3. Tudo bem, talvez exista uma norma consistente aqui. Quando se trata da nossa vida espiritual e da glorificação de Deus, a chave é se entregar de todo o coração. O que Jesus diz que devemos fazer de todo o coração em Marcos 12:30?

4. Aqui vai mais uma: o que mais precisamos dar a Deus de todo o coração, segundo Provérbios 3:5?

> *Quando meditamos sobre a Palavra de Deus, nós nos familiarizamos com o coração de Deus e com seus caminhos; quando fazemos isso, nós mudamos. O propósito da meditação não é simplesmente provocar bem-estar num mundo barulhento; não se trata de uma agenda egocêntrica. Quando concentramos nossa mente em Deus e refletimos sobre suas palavras, nós o conhecemos e somos transformadas por ele, e esse é o propósito da nossa vida.*
>
> Sheila Walsh

ADORANDO A DEUS COM SUA VIDA

5. Vejamos outra qualidade que exige todo o nosso coração. Estes três versículos lhe darão uma perspectiva. O que mais Deus pede de nós nestes versículos?

- Por que Davi deseja entendimento em Salmos 119:34?
- O que Davi diz que ele guardará em Salmos 119:69?
- O que precisamos fazer com seriedade, segundo Deuteronômio 11:13?

Todas nós sabemos que existem coisas que precisam ser feitas na vida, não importa quão entediantes ou desagradáveis possam ser. Aquelas que podem se dão ao luxo de pagar outros para cumprirem essas tarefas em seu lugar. A maioria de nós, porém, tem que cuidar dessas coisas sozinha. Não há glória nessas tarefas, e, por isso, nós as vemos como um trabalho penoso. Ficamos ressentidas por termos que fazer "trabalho de escravo" e por ninguém nos agradecer por isso. Enquanto trabalhamos, lamentamos e resmungamos. Mais ainda, somos tentadas a enfrentar essas tarefas com um coração morno, a fazer um trabalho superficial ou até mesmo a evitá-las. Passamos um pano rápido nas coisas e prometemos fazer um serviço melhor na próxima vez.

Mas você já percebeu que, quando você faz algo de todo o coração, o trabalho não se torna entediante? Quando concentramos

> *Você pode fazer coisas cheias de amor com suas próprias tarefas hoje: organize uma gaveta; colha flores no jardim; escreva seu diário; faça um desenho para uma criança; acaricie um bichinho; escove o cabelo de uma garotinha; faça biscoitos; decore uma parede ou estante; aperte uma bochecha; arranque ervas daninhas; lave o carro do seu marido. A genialidade nisso tudo é que a mão que dá é a mesma que recebe!*
>
> Barbara Johnson

Um jeito certo?

nossa mente no trabalho que fazemos, quando damos toda a atenção a uma tarefa, quando fazemos um trabalho da melhor maneira possível, nossos esforços são recompensados. Até mesmo as tarefas mais comuns nos oferecem a oportunidade de glorificar a Deus. Por isso, mude sua perspectiva — conduza a sua vida de todo o coração. Que tipos de coisas têm se tornado entediantes para você — tarefas domésticas, seu trabalho, seu empenho na igreja, a leitura bíblica, a oração? Não lhes dê um tratamento superficial. Faça-as de todo o coração!

6. Que mais podemos fazer de todo o coração, segundo Salmos 119:58 e Salmos 119:145?

7. Segundo Salmos 111:1, o que podemos oferecer ao Senhor com todo o nosso coração?

> *Paulo nos encoraja a fazer tudo de todo o coração. Ele quer que invistamos nossa alma. É como diz uma antiga canção: "Você precisa de fervor no coração." Quando você faz isso, pode fazer qualquer coisa. Os dias mais corridos podem se tornar os dias de maior alegria.*
>
> Luci Swindoll

ADORANDO A DEUS COM SUA VIDA

8. Samuel era um profeta de Deus, bom e sábio. O que ele incentiva o povo de Deus a fazer em 1Samuel 12:20, 24?

9. Há mais uma característica que precisamos aprender de todo o coração nesta lição. Leia estes versículos:

- Como podemos ter certeza de encontrar Deus, segundo Deuteronômio 4:29?
- O que Deus nos diz em Jeremias 29:13?
- Como Davi chama aqueles que buscam o Senhor de todo o coração em Salmos 119:2?

PARA APROFUNDAR O TEMA

Quando o assunto é Deus, não existe meio-termo. Você precisa escolher seu lado. Não há como ficar em cima do muro. Ele quer tudo de nós. Veja Deuteronômio 10:12-13. De acordo com este versículo, o que Deus exige de seu povo? Dê uma olhada:

E agora, ó Israel, que é que o SENHOR seu Deus pede de você, senão que tema o SENHOR, o seu Deus, que ande em todos os seus caminhos, que o ame e que sirva ao SENHOR, ao seu Deus, de todo o seu coração e de toda a sua

Um jeito certo?

alma, e que obedeça aos mandamentos e aos decretos do SENHOR, que hoje lhe dou para o seu próprio bem?

Para ponderar e orar

Não há jeito certo de glorificar a Deus, porque Deus pede coisas diferentes de cada uma de nós. Nesta semana, por que não gastar algum tempo refletindo sobre os planos de Deus para você? Quais são os dons que ele lhe deu? Quais são as oportunidades que você tem para usá-los? Então, peça também a força para fazer de todo o coração aquilo que esteja diante de você. Dê a Deus o máximo que puder, e ele receberá a glória.

Joias para guardar

Alguma vez você já se pegou cantando a antiga música "Tudo de mim, por que não dar tudo de mim? Não vês que estou perdido sem ti?" Nada serve melhor como presente nesta semana do que um coração. Não metade de um coração, nem mesmo a maior parte de um coração, mas um coração inteiro, pois o único jeito de glorificar a Deus é fazer isso de todo o coração.

Anotações e pedidos de oração

CAPÍTULO 7

Mérito para quem merece

Ao Senhor declaro: "Tu és o meu Senhor; não tenho bem nenhum além de ti."

(Salmos 16:2)

Aprendemos no capítulo 1 o que significa glorificar algo. Quando glorificamos Deus, reconhecemos sua excelência, nós damos honra para quem merece ser honrado e o louvamos pelas coisas que fez. Agora está na hora de analisarmos o verbo "gloriar".

"Gloriar" significa regozijar em triunfo, exultar, gabar-se e orgulhar-se de algo. Na Bíblia, esse verbo costuma ser traduzido como "vangloriar". Porém, vangloriar-se nem sempre é algo ruim. Depende daquilo de que você se gaba — ou se "vangloria", para usar o termo bíblico.

Quando algo vai bem e quando acertamos na mosca, ou quando algo acontece exatamente como deveria acontecer, nós percebemos na hora.

Tirando as ⚔ teias ⚔ de aranha

Você preferiria ser reconhecida como uma mulher forte, autoconfiante e independente ou como uma mulher quieta, submissa e completamente dependente dos outros?

Estaríamos praticando uma humildade falsa se tentássemos negar a excelência quando a percebemos. O Senhor nos encoraja a dar o máximo, a fazermos nosso trabalho "para o Senhor". Ele se agrada quando fazemos o que fomos criados para fazer. Você de lembra da história de Eric Lidell? Ele é o cara de *Carruagens de Fogo*, e Deus lhe deu velocidade. Ele é famoso por ter dito: "Quando corro, sinto o prazer de Deus."

O que você faz que, quando bem feito, lhe permite sentir o prazer de Deus? É escrever cartas de encorajamento, organizar um evento, assar a torta perfeita, ler histórias para seus netos, ajudar pessoas a lidarem com suas finanças, arrancar ervas daninhas no jardim, fazer pinturas de aquarela, jogar bola ou manter contato com suas amigas? Você pode gloriar-se na experiência de um trabalho benfeito, e, ao fazer o que Deus a criou para fazer, você o agrada.

1. Jesus contou histórias para nos ensinar lições valiosas para a vida. O que ele diz que não devemos fazer em Mateus 6:2?

> *Todos os dias, Deus nos lembra de que não devemos nos agarrar demais às coisas — seja um evento, um ponto de vista, um desejo, um momento específico em nossa vida ou uma pessoa que amamos profundamente. Ele nos encoraja a parar de resistir, teimar ou manipular para conseguir aquilo que desejamos. Quando fazemos simplesmente o que ele pede, não importa quão difícil pareça, e quando mantemos nosso foco na Luz do mundo, surge um brilho maravilhoso, e tudo isso dentro de seu abraço amoroso.*
>
> Luci Swindoll

MÉRITO PARA QUEM MERECE

2. Gloriar-nos é um prazer breve, e glória não é algo que devemos tentar conquistar ou guardar para nós mesmas. O que 1Pedro 1:24 diz sobre a glória do homem?

3. Então, qual é a alternativa? As Escrituras nos oferecem a resposta perfeita. Leia Jeremias 9:23-24. Em que não devemos nos gloriar, segundo as palavras de Deus? O que devemos fazer em vez disso?

4. Segundo Romanos 15:17, qual é a razão de Paulo para gloriar-se?

> *Quero saber o que Deus diz. Quero saber quais são as coisas que o deixam feliz e as coisas que partem seu coração. Quero saber como viver uma vida que o agrada. Como posso fazer isso se eu não estudar as palavras que ele me deu?*
>
> Sheila Walsh

5. Dê uma olhada em João 7:18. Nessa passagem, Jesus fala sobre ele mesmo, mas qual é o princípio que podemos extrair daquilo que ele diz sobre buscar a glória?

Minha irmã e eu temos tipos físicos completamente diferentes. Ela tem o corpo do tipo maçã e eu, do tipo pera. Quando cresci, eu me orgulhava de ser magra (pelo menos na cintura). Para se vingar, minha irmã me apelidou de "coxas de trovão", referindo-se ao som de minhas coxas quando batiam uma na outra. Esse apelido tornou-se uma piada entre os familiares.

A coitada Anne, personagem do livro *Anne de Green Gables*, tinha uma fonte de arrependimento constante em sua vida: seus cabelos ruivos. Como ela desejava ter cabelos feitos de ouro ou da cor das penas do corvo! Tudo, menos ruivos. No entanto, Anne conseguiu acalmar seu espírito um pouco, porque sabia que tinha um nariz lindo. Ter um nariz lindo lhe serviu como grande consolo.

Nós nos comparamos, nos invejamos mutuamente e nos confortamos com nossas maiores qualidades. Como mulheres, é fácil nos gabarmos de nossas pequenas "glórias". É claro, temos coisas em nós de que não gostamos. "Não posso vestir rosa." "Meus pés são muito largos." "Não consigo ter unhas longas." "Meu cabelo nunca coopera." "Meus dentes não são brancos o bastante." "Tenho coxas grossas." Então, para nos sentirmos melhores, avaliamos a garota ao lado. "Graças a Deus, meus dedos não são tão curtos." "Veja só esses tornozelos." "Pelo menos, tenho duas sobrancelhas." Meu Deus! Nos gloriamos nas pequenas deficiências que encontramos nas outras pessoas simplesmente porque nós não as temos.

MÉRITO PARA QUEM MERECE

Que vergonha! Isso não é aceitável aos olhos de Deus. Ele quer que nos superemos. Deus não quer que nos gloriemos em nossa aparência, em nosso cabelo farto, em nossa cintura fina ou em nosso narizinho lindo. Ouça mais uma vez a mensagem: "quem se gloriar, glorie-se nisto: em compreender-me e conhecer-me, pois eu sou o SENHOR" (Jeremias 9:24).

6. Aos olhos de Deus, a beleza verdadeira vem de que, segundo 1Pedro 3:3-4?

> *Sou tão grata pelo fato de Jesus me capacitar para a mudança, com um suspiro e esforço por vez, e sou grata pelas pessoas em minha vida que me deram o espaço e o tempo para mudar.*
>
> Patsy Clairmont

7. Riqueza, beleza, popularidade, sucesso, carisma, compostura, bom gosto — todas essas coisas são reconhecidas e aplaudidas pelo mundo. São coisas em que o mundo espera que nós nos gloriemos. Quais, porém, são as características da mulher que se gloria no Senhor, segundo Salmos 64:10?

65

8. Você já leu a descrição da mulher em Provérbios 31? Aparentemente, a mulher ideal não precisa atrair muitos olhares. Qual é a qualidade considerada louvável - mais do que charme e beleza?

> *Ser tocada pela graça extravagante de Deus desperta algo dentro de nós que é percebido pelos outros. É um brilho interior semelhante a uma luz externa, no sentido de que ele exerce sua influência a despeito do grau de escuridão em que ele se encontra — não só a despeito da escuridão, mas por causa dela. Na escuridão, a luz se torna mais atraente, exerce uma influência maior, se torna mais valiosa, mais óbvia.*
>
> Patsy Clairmont

9. Uma mulher linda se gloria em sua beleza. No entanto, a beleza verdadeira está no espírito. Um homem rico se gloria em sua riqueza. Mas onde estão as riquezas verdadeiras, segundo Mateus 6:19-20?

10. Não podemos pegar a glória de outra pessoa. A glória emprestada esvaece rapidamente. Vale a pena repetir a mensagem desta lição, pois, por mais simples que seja, é difícil aplicá-la na vida. O que Paulo repete em 2Coríntios 10:17-18?

MÉRITO PARA QUEM MERECE

Para aprofundar o tema

Em Romanos 15:17, Paulo diz que se gloriava nas coisas que pertencem a Deus. Alguma vez você já se perguntou que coisas eram essas? Em 1Pedro 3:3-4, Pedro lembra seus leitores de que eles receberam tudo de que precisam para a vida e a santidade. Releia essa passagem na versão de *A mensagem*. Segundo Pedro, o que Jesus providenciou para nós?

Tudo que faz parte de uma vida que agrade a Deus nos foi dado milagrosamente quando conhecemos pessoal e intimamente aquele que nos convidou para Deus. O melhor convite que já recebemos! Foram-nos dadas também promessas maravilhosas que repassamos para vocês — suas entradas para a participação na vida de Deus após vocês abandonarem um mundo corrompido pelo prazer.

Para ponderar e orar

Glória não é algo a que podemos nos agarrar. Devemos devolvê-la a Deus. E aquelas entre nós que se sentem tentadas a gloriar-se em coisas temporárias estão sendo tolas. Devemos nos gloriar em Deus. Não há nada mais do que possamos nos gabar. Em seus momentos de oração nesta semana, peça que o Senhor a ajude a ser sincera consigo mesma e com ele. Peça que ele lhe ensine a gloriar-se nele, e não em si mesma.

67

JOIAS PARA GUARDAR

De que podemos nos gabar? Onde está nosso tesouro? As únicas coisas que perduram estão nas mãos de Deus. O presente desta semana é um pequeno baú do tesouro. Não é grande o bastante para guardar todas as suas joias, mas ele pode lembrá-la de seu tesouro verdadeiro. Não é riqueza. Não é beleza. Não é o louvor e a admiração de outras pessoas. Nosso tesouro verdadeiro nos espera no céu, e a única coisa em que podemos nos gloriar é Deus.

Anotações e pedidos de oração

CAPÍTULO 8

Adoração gloriosa

*Cantem louvores ao seu glorioso nome;
louvem-no gloriosamente!*

(Salmos 66:2)

Quando algumas pessoas pensam em glorificar Deus com suas vidas, a primeira coisa que lhes vem à mente é um grande culto de adoração. E existe uma razão muito boa para isso! Os cultos de adoração que frequentamos em nossas igrejas foram criados para desviar a atenção de nós mesmos e voltá-la para o Deus a quem servimos. Eles nos dão a oportunidade de nos unirmos em uma só voz e dizer a Deus o quanto o amamos.

Cantamos sobre o grande poder de Deus, sobre seus atos poderosos e sobre sua graça e misericórdia. Quando cantamos, dizemos a Deus o quanto somos agradecidas por seu amor, seu perdão e sua esperança. Temos hinos que celebram os acontecimentos da vida de

Tirando as ⚘ teias ⚘ de aranha

Você tem um louvor favorito que ouviu no rádio ou CD, ou algum que goste de cantar na igreja? Qual é?

Jesus — seu nascimento, sua ressurreição, seu retorno iminente. Por meio das canções, recordamos e decoramos os fundamentos da nossa fé, lembrando-nos das verdades encontradas na Bíblia. Ao cantar, comprometemo-nos a segui-lo com fidelidade, a confiar nele completamente e a viver para sua glória.

Existem músicas que nos foram ensinadas desde o início —"Jesus me ama", "ABC de Jesus", "Sou uma florzinha de Jesus" e "Deus é bom pra mim". Há memoráveis hinos de fé —"Entregue tudo a Deus", "Salvo em Jesus", "De Jesus a doce voz", "Graça excelsa" e "Maravilhosa graça". Há corinhos que se tornaram preciosos — "Porque ele vive" e "Majestade". E, a cada ano, novas músicas são acrescentadas —"Deus maravilhoso", "Clame ao Senhor" e "Agnus Dei".

Louvores — novas e antigas — nos dão a oportunidade de elevar nossas vozes em adoração — em adoração gloriosa.

1. Como Davi descreve o ato de cantar em Salmos 27:6? O que provocou esse desejo de cantar?

> *Enquanto enfrenta sua rotina diária ou se depara com provações e tribulações, você permite que a música a conforte? Quando os tempos são bons, você para e canta de alegria? Deus se alegra com o hino que cantamos em louvor a ele.*
>
> Thelma Wells

2. O que leva os santos a irromperem em canto, segundo Salmos 149:5?

ADORAÇÃO GLORIOSA

3. Como os cristãos glorificam a Deus juntos, segundo Paulo em Romanos 15:6?

4. Como o salmista descreve o louvor dos justos em Salmos 33:1-3?

> *Nossa família gosta de boa música gospel. Descobrimos que louvar a Deus por meio do canto eleva nossos espíritos, alivia nossos pensamentos e abre um espaço para que o Espírito Santo possa falar conosco.*
>
> Thelma Wells

5. Segundo Salmos 22:3, onde Deus está quando a adoração acontece?

Adoro ouvir certos hinos de adoração enquanto faço as tarefas de casa. Até meus filhos sabem que, quando coloco determinadas faixas para tocar, chegou a hora de fazer uma limpeza geral na casa. A música é alegre, divertida de cantar e parece me colocar automaticamente em um estado de mente bem-humorado. É muito mais divertido polir os móveis quando você está dançando por dentro!

É verdade que as músicas cristãs podem nos colocar num estado de espírito mais alegre, mas cantá-las não significa necessariamente que estamos adorando a Deus. Vou tentar explicar. Escolha uma de suas músicas favoritas. Você a ama porque a melodia não sai de sua cabeça? Você a canta porque ela a deixa feliz? Gosta do ritmo, que a faz dançar? Você se diverte harmonizando com as outras vozes? Toca a música em seu aparelho de som para ajudá-la a sobreviver às horas de frustração? Você conhece a música tão bem que consegue cantá-la sem pensar em sua letra? Ei, eu também! Infelizmente, nenhuma dessas razões tem qualquer coisa a ver com Deus. Você entende o sentido das palavras que canta? Muitas vezes, cantamos para nossa própria diversão, não para o prazer de Deus.

Glorificamos a Deus apenas quando o colocamos em primeiro lugar: nos nossos pensamentos, nas nossas decisões, nos nossos planos e nas nossas vidas. Não se contente em repetir os gestos de adoração. Não siga o fluxo. Não o faça apenas pela experiência e pela adrenalina emocional. Seja consciente em sua adoração e mantenha seu foco em seu Senhor e Deus. Envolva sua mente quando cantar. Reflita sobre as palavras. Tente entender o que elas significam. Diga-as. Cante-as para Deus. Seja intencional.

6. Habacuque 3:3 diz que a glória de Deus "cobriu os céus e seu louvor encheu a terra". Qual deveria ser o assunto de seu louvor, segundo Salmos 138:5?

ADORAÇÃO GLORIOSA

7. O que Salmos 29:1-2 diz que devemos dar ao Senhor?

8. Parte da beleza da adoração é falar sobre as características de Deus. Fazemos isso reconhecendo seus atributos. Em terminologia bíblica, isso significa "atribuir" coisas a Deus. Segundo estes versículos, o que pode ser atribuído a Deus?

- Deuteronômio 32:3
- Jó 36:3
- Salmos 68:34

> *Precisamos mergulhar na complexidade de toda a obra de Deus, não só na parte simples que conseguimos enxergar por nós mesmas.*
>
> Nicole Johnson

9. Salmos 71:8 diz: "Do teu louvor transborda a minha boca, que o tempo todo proclama o teu esplendor." Quais são as duas razões que Salmos 71:22-24 cita para elevar nossa voz em cânticos?

Para aprofundar o tema

Os salmos são repletos de palavras de adoração. Muitos desses cânticos escritos foram musicalizados, assim, os salmos continuam sendo cantados em nossas igrejas. Leia estes versículos. Todos eles falam sobre adoração, louvor e cânticos de regozijo.

- Salmos 66:4
- Salmos 66:8
- Salmos 69:30
- Salmos 71:23

Para ponderar e orar

Nesta semana, faça um esforço concentrado para acrescentar canto aos seus dias. Escolha cantos de adoração, cânticos que atribuem grandeza a Deus, músicas que são orações. Cante no carro, em casa, no chuveiro. Dê voz às suas orações por meio da música e seja sincera com cada palavra que cantar.

Joias para guardar

A lição desta semana girou em torno de fazer uma linda música para o Senhor, portanto, você precisa receber algo melodioso como presente. Que tal um apito de pássaros? Esses pequenos brinquedos vêm, muitas vezes, na forma de algum pássaro, e quando você os enche de água e os assopra, eles tirilam lindamente. Eleve sua voz e seu apito para a glória do Senhor nesta semana.

Anotações e pedidos de oração

CAPÍTULO 9

Glórias maiores

Eu rogo por eles. Não estou rogando pelo mundo, mas por aqueles que me deste, pois são teus. Tudo o que tenho é teu, e tudo o que tens é meu. E eu tenho sido glorificado por meio deles.

(João 17:9-10)

Às vezes, temos a impressão de que a jornada cristã não seria tão difícil se a vida não se intrometesse o tempo todo. O mesmo vale para as manhãs de domingo. Às vezes, o culto dominical parece não querer acabar. A adoração em conjunto é gloriosa, mas em algum momento, precisamos nos levantar do banco e sair do santuário. Queremos glorificar a Deus, mas a vida é corrida, nossas agendas estão lotadas, há contas que precisam ser pagas, projetos que precisam ser entregues no trabalho, e não podemos simplesmente esquecer tudo isso por uma ou duas horas todos os dias para ter um tempo de devoção silenciosa.

Tirando as teias de aranha

Há versículos da Bíblia pendurados nas paredes de sua casa — retratos, placas e bilhetes —? Quais são as passagens citadas neles?

Opa! Mas espere! Quem disse que precisamos de grandes intervalos para a reflexão em silêncio? É nisso que acreditamos. Olhamos para a nossa agenda e pensamos: "Tudo bem, Deus. Eu lhe darei três horas na manhã de domingo, uma hora na noite de domingo, e a cada duas semanas posso encontrar um tempinho na quarta-feira à noite. Posso arrumar 15 minutos para o Senhor toda manhã e toda noite (a não ser que eu caia no sono) e um rápido agradecimento antes de cada refeição. Isso basta? Maravilhoso! Vou agendar nossos encontros com o Senhor." Tentamos separar o tempo de Deus do resto da nossa vida diária. "Este é o tempo de Deus, santo e separado para ele, e aquele é o tempo em que resolvo todas as outras coisas."

Mas não precisamos nos retirar da vida para glorificar a Deus. Pelo contrário! Deus não quer que nós separemos seções determinadas do dia para ele. Ele quer fazer parte de cada momento do nosso dia.

Não empurre Deus para algum canto. Permita que ele preencha seu dia com sua força, sua paciência e seu amor. Você será uma mulher diferente por causa disso, e ele receberá toda a glória pela sua mudança.

> *Na oração, eu digo ao Senhor que farei tudo que ele pedir de mim. Então, ele envia alguns inconvenientes para a minha vida, e eu me irrito. Quando eu disse "tudo", acho que o que eu queria dizer era tudo que não fosse incômodo, tudo que não perturbasse minha agenda e tudo que não fosse custoso demais em longo prazo. A verdade é que meu "tudo, Senhor" é mais um "no entanto, Senhor". "Eu farei a tua vontade, Senhor, no entanto, preciso que seja em outro momento, que seja um pouco mais fácil, uma pessoa um pouco mais agradável, e algo de que eu goste."*
>
> Patsy Clairmont

GLÓRIAS MAIORES

1. Nossos tempos de adoração trazem glória a Deus, mas existem glórias ainda maiores — a glória de uma vida vivida para o Senhor. Deus quer fazer parte do nosso dia a dia. Esse sempre tem sido o seu plano, como podemos ver em Deuteronômio 6:4-9. O que ele disse que seu povo deveria fazer, e quando?

2. O que imaginamos quando pensamos em dar glória a Deus — cantar, pregar, dar testemunho, escrever salmos? As Escrituras citam inúmeras outras maneiras de dar glória a Deus — maneiras um tanto inesperadas. Dê uma olhada nestas:

- Em João 11:4, o que Jesus diz que trará glória a Deus?
- Segundo 1Pedro 4:14, como Deus pode ser glorificado?
- Em João 21:19, Jesus diz que Pedro acabará glorificando a Deus. Como?

ADORANDO A DEUS COM SUA VIDA

3. Vergonha, insultos, doença e morte dificilmente são os meios que nós escolheríamos, mesmo querendo glorificar a Deus com nossa vida. Mas Deus exige que muitos cristãos suportem essas coisas. Eles podem encontrar encorajamento nas palavras de Paulo em 2Coríntios 4:17. Por que ele afirma que esse caminho difícil é um bom caminho?

4. Segundo Salmos 66:16, quais são as outras maneiras de propagar a glória de Deus?

> *Deus se interessa pelas menores coisas no mundo. Ele se preocupa conosco e com aquilo que consideramos importante. Ele realiza os desejos do nosso coração. Ele termina o que começou. Ele nos chama pelo nosso nome.*
>
> Luci Swindoll

5. Segundo Salmos 145:11, o que nós podemos dizer aos outros?

GLÓRIAS MAIORES

6. O que mais traz louvor e glória a Deus, segundo Paulo, em Filipenses 1:11?

À s vezes, eu gostaria de fazer as malas, dar um beijo de despedida em minhas responsabilidades e me mudar para um monastério. Seria um retiro quieto — um tempo de descanso, concentração renovada e revitalização. Eu levaria uma existência simples em minha própria clausura. Sem distrações, eu poderia me ocupar com as coisas que dizem respeito a Deus. Eu escreveria um diário de oração. Eu estudaria a Bíblia durante horas sem qualquer interrupção. Eu estaria em paz. Tudo seria silencioso. Gosto de silêncio.

Infelizmente, Deus não nos chamou para uma vida de eremita. Fomos feitas para depender uma da outra. Uma vida caracterizada pelo fruto do Espírito é uma vida vivida no meio de companheiros cristãos. Precisamos desses dons do Espírito simplesmente para conseguirmos conviver. Além disso, é o nosso grande amor e cuidado uns pelos outros que nos separa do resto do mundo. "Todos saberão que vocês são meus discípulos, se vocês se amarem uns aos outros." (João 13:35)

7. Há mais maneiras de glorificar a Deus por meio da nossa vida. Segundo Paulo, em Romanos 4:20, como Deus foi glorificado por meio da vida de Abraão?

8. Segundo Paulo, em 2Coríntios 4:15, o que leva a graça de Deus a transbordar em face da perseguição e morte? Qual será o resultado dessa abundância?

9. Pelo que devemos orar, segundo Paulo, em 2Tessalonicenses 3:1? O que deve ser glorificado?

> *Numa cultura em que todos nós adoramos atividade e conquista, é muito fácil se esquecer do tempo a sós com Deus.*
>
> Luci Swindoll

10. Pedro incentiva os cristãos a glorificarem a Deus com suas vidas. O que ele quer que façamos em 1Pedro 4:11?

GLÓRIAS MAIORES

Para aprofundar o tema

Mesmo que a maioria de nós nunca tenha tido que enfrentar esse tipo de coisa, há cristãos no mundo sujeitos a perseguição por causa de sua fé. João 15:20 promete que o povo de Deus sofrerá por causa de Jesus, mas que o sofrimento trará glória a Deus. Leia as seguintes passagens que encorajam os cristãos em meio às tribulações.

- Romanos 5:3
- 2Timóteo 2:10
- 1Pedro 1:7
- 1Pedro 5:10

Para ponderar e orar

A glória se realiza em mais formas do que você possa imaginar, e a maioria delas não acontece por meio da música! Nossa adoração pode ser gloriosa, mas o que acontece quando a música se cala? Nesta semana, ore para que Deus lhe mostre como evitar que você o separe do que é prioritário em sua rotina. Peça que Deus a ajude a organizar seu dia em torno de seus planos, integrando louvor, oração, meditação, leitura e a ação do Espírito em suas responsabilidades cotidianas.

ADORANDO A DEUS COM SUA VIDA

JOIAS PARA GUARDAR

O presente desta semana é um pedaço de tecido áspero — semelhante ao tecido dos mantos dos monges. Mas esse tecido não pretende empurrá-la em direção a uma vida em solidão sagrada. Pelo contrário, os fios do tecido devem lembrá-la de como Deus a chamou para usar seus dons na igreja, entrelaçando sua vida com as vidas de outros cristãos. Sua vida é entrelaçada com o Espírito. É a presença dele que nos dá a força e a paciência para servir aos outros cristãos.

Glórias maiores

Anotações e pedidos de oração

CAPÍTULO 10

Glórias do dia a dia

Bendirei o Senhor o tempo todo! Os meus lábios sempre o louvarão.

(Salmos 34:1)

Sabemos tudo sobre as coisas do cotidiano. Temos roupas para o dia a dia — temos roupas para limpar a casa, para brincar com as crianças na areia e para cortar a grama. Temos sapatos para o dia a dia — gastos e confortáveis. Temos penteados para o dia a dia — lavar e escovar, amarrar e deixar para lá. Temos louça para o dia a dia — pratos e copos que já perderam seu brilho original.

As coisas do dia a dia são as coisas que usamos todos os dias. Essas coisas são comuns, normais, produzidas em massa, básicas, triviais, rotineiras. Na maioria das vezes, achamos que as coisas do dia a dia são entediantes — mundanas.

Mas, quando nos preparamos para sair, ou quando recebemos visitas,

Tirando as ↗ teias ↗ de aranha

Você tem dois conjuntos de louça, um para o uso diário e outro para ocasiões especiais? Quantas vezes você usa a louça bonita?

> *A vida consiste normalmente em entrar no carro ou em outro avião, em subir os degraus para uma plataforma e manter a imagem de Deus fielmente em seu lugar — esteja eu a fim ou não. A alegria vem quando fazemos aquilo que se apresenta a nós naquele momento.*
>
> Barbara Johnson

pegamos as coisas boas. Tiramos o vestido especial do armário, gastamos tempo na frente do espelho, vestimos sapatos de couro e salto alto e arrumamos a mesa com a louça de porcelana. Quando sabemos que outras pessoas nos verão, queremos apresentar nosso melhor lado. E é isso que deveríamos dar a Deus — nosso melhor. Estamos dando nosso melhor a Deus?

O conceito que estamos tentando transmitir nesta lição é o de que dar glória a Deus não é uma "ocasião especial". Você não precisa vestir sua roupa de domingo, correr para a igreja mais próxima e ser liderada por uma equipe de adoração para louvar a Deus. Pode-se dar glória a Deus das maneiras e formas mais variadas e é algo que acontece todos os dias. Deus quer fazer parte de sua rotina normal, ordinária e diária.

1. Quando se trata das glórias diárias, que tipo de coisas *deveríamos* estar fazendo todos os dias — o tipo de coisas que trarão glória ao nome de Deus? Veja estas passagens bíblicas, que apontam algumas das ações e atitudes que devem caracterizar a nossa vida:

- Por que não devemos nos preocupar com nossa vida, segundo Filipenses 4:19?

- Os cristãos em Atos 17:11 eram conhecidos por quê?

GLÓRIAS DO DIA A DIA

- Segundo Salmos 31:3, podemos confiar que Deus fará o quê?

- O que Deus nos providenciou, segundo 2Pedro 1:3?

- O que devemos fazer com as Escrituras, segundo Deuteronômio 30:14?

2. A vida de um cristão é tudo, menos uma vida sob holofotes. Quais deveriam ser nossas ambições, segundo 1Tessalonicenses 4:11?

3. Como Paulo descreve a vida do cristão em 1Timóteo 2:2?

> *Aprendi que, às vezes, sentimos a proximidade de Deus; outras vezes, não. Às vezes, experimentamos a doçura da proximidade de Deus; outras vezes, sentimos a solidão assustadora de sua distância. O Senhor não muda sua posição, mas é possível que nós nos percamos em nossa própria agenda e nos esqueçamos da sua presença e disponibilidade.*
>
> Patsy Clairmont

ADORANDO A DEUS COM SUA VIDA

4. A vida em silêncio é um importante tema nas Escrituras. O que Deus diz sobre aquilo que nos dá força, segundo Isaías 30:15?

5. Quando levamos uma vida quieta, somos capazes de ver e ouvir mais claramente algumas coisas.

- O que Deus pede de nós em Salmos 46:10?

- Por que o silêncio nos ajuda a ouvir a voz de Deus a despeito das distrações, segundo 1Reis 19:12?

- Quando você presta atenção em Deus, o que consegue ouvir, segundo Isaías 30:21?

O que significa "em tempo integral"? A maioria das pessoas que trabalha em tempo integral pode esperar um turno de oito horas por dia, com uma hora de intervalo para o almoço. Algumas pessoas que trabalham em tempo integral, muitas vezes, trabalham 60 horas por semana. Outras vão para casa, mas continuam à disposição, precisam largar tudo e voltar para o trabalho quando são chamadas. Mães são mães em tempo integral, independentemente

GLÓRIAS DO DIA A DIA

de todas as suas outras responsabilidades. Trabalham desde o nascer do sol até o anoitecer e permanecem de plantão durante a noite inteira. E existem também as pessoas que chamamos de "trabalhadores cristãos em tempo integral". São os pastores, evangelistas, missionários — pessoas cuja vida se passa na igreja e na propagação do evangelho.

Portanto, se existem cristãos em tempo integral, isso significa que o restante de nós somos cristãos apenas em meio período? Você registra seu tempo de presença quando sai da igreja aos domingos? Você deixa o trabalho pesado — leitura da Bíblia, estudo bíblico, hospitalidade, visitas e oração — para aqueles cujo *trabalho* é fazer tudo isso? Não devemos permitir que esse tipo de postura se acomode em nosso coração. Somos todos cristãos em tempo integral!

> Neste mundo maluco, é bom saber que algumas pessoas ainda executam trabalhos comuns com dignidade, mantendo o mundo unido por meio de virtudes antigas e sólidas.
>
> Barbara Johnson

6. Aqui está uma linda passagem de louvor de Salmos 51:15-17, 19. O que Deus deseja de nós, segundo Davi?

ADORANDO A DEUS COM SUA VIDA

7. Como qualquer relacionamento, este também é uma via de mão dupla. Deus quer que vivamos uma vida fiel perante ele, que ouçamos sua voz por meio da Palavra e que tenhamos um coração aberto aos ensinamentos. Mas Deus também é glorificado em nossa vida quando faz determinadas coisas por nós. Segundo 2Coríntios 1:20, o que Deus faz para sua própria glória?

8. E tem mais uma. O que João 14:13 diz que nós recebemos para a glória de Deus?

PARA APROFUNDAR O TEMA

Davi pediu a Deus coisas ordinárias o tempo todo. Os salmos estão cheios de orações em que Davi pede que Deus se torne uma parte real de seus dias. Leia esta passagem de Salmos e use-a como sua própria oração — um tipo de oração ordinária.

GLÓRIAS DO DIA A DIA

Mostra-me, SENHOR, os teus caminhos, ensina-me as tuas veredas; guia-me com a tua verdade e ensina-me, pois tu és Deus, meu Salvador, e a minha esperança está em ti o tempo todo. Bom e justo é o SENHOR; por isso mostra o caminho aos pecadores. Conduz os humildes na justiça e lhes ensina o seu caminho. Todos os caminhos do SENHOR são amor e fidelidade para com os que cumprem os preceitos da sua aliança. Por amor do teu nome, SENHOR, perdoa o meu pecado, que é tão grande!
(Salmos 25:4, 5, 8-11)

> *Quando nos afastamos do barulho invasivo e da atividade deste mundo, que exige tanto de nosso tempo e de nossa atenção, quando sintonizamos nosso relacionamento com Cristo, descobrimos o milagre pelo qual estávamos esperando. Podemos esperar que a maravilha bata à nossa porta, mas, se ficarmos em silêncio e ouvirmos, podemos ouvi-la batendo à porta do nosso coração.*
>
> Sheila Walsh

PARA PONDERAR E ORAR

Talvez você não seja capaz de diminuir o ritmo frenético em seu trabalho, e seu lar talvez esteja repleto de crianças barulhentas, mas peça que Deus a ajude a encontrar tranquilidade nesta semana num coração sereno, numa mente acalmada e num espírito manso e receptivo. Peça ao Espírito que ele sintonize seus ouvidos para que você possa reconhecer o chamado do Senhor e segui-lo no caminho da verdade. Deus lhe ensinará o caminho se você lhe pedir.

95

JOIAS PARA GUARDAR

A vida cristã está repleta de coisas rotineiras e comuns, e Deus quer fazer parte delas. Pode não ser algo muito excitante segundo os padrões do mundo, mas uma vida tranquila não conhece preocupações e pode se gabar de orações respondidas e promessas cumpridas. O presente desta semana é uma agulha, para lembrá-la de que, quando seu coração estiver calmo o bastante para ouvir uma agulha cair, você será capaz de ouvir as orientações que Deus lhe dá.

GLÓRIAS DO DIA A DIA

Anotações e pedidos de oração

CAPÍTULO 11

Dias intencionais

Mas a sabedoria que vem do alto é antes de tudo pura; depois, pacífica, amável, compreensiva, cheia de misericórdia e de bons frutos, imparcial e sincera.

(Tiago 3:17)

Eu sou o tipo de mulher que adora listas de afazeres. Se não estiver no papel, é provável que eu me esqueça daquilo. Listas de compras, listas de leitura, listas de Natal, listas de desejos, listas do tipo "Não se esqueça de..." e a lista das coisas mais variadas que preciso resolver em determinada tarde. Por me orientar por listas, não gosto de fazer algo e não ser reconhecida por isso. Muitas vezes, acrescento coisas à lista após tê-las feito, só para ter a satisfação de riscá-las.

Sentar-me e fazer listas me ajuda a manter o foco. Isso pode ser de importância vital, principalmente quando vou ao supermercado. Eu vou para o supermercado perto de casa, sabendo que preciso apenas de algumas coisinhas,

Tirando as ⚔ teias ⚔ de aranha

Em que tipo de coisas você pensa quando seus pensamentos vagueiam?

mas, quando chego ao caixa, o carrinho de compras está lotado de guloseimas, e eu descubro que me esqueci de comprar aquilo que fui comprar.

O mesmo pode acontecer com nossos dias. Começamos a manhã sabendo que precisamos adorar a Deus com nossa vida e incluí-lo em nosso dia. Mas, uma vez que nos levantamos, somos atacadas pelas distrações. Quando o sol se põe, descobrimos que desperdiçamos nosso dia sem nem sequer pensar no Senhor.

> *Não permita que sua vida saia de controle. Viva de modo intencional. Faça algo hoje que perdure mais do que a sua vida.*
>
> Barbara Johnson

Se quisermos incluir Deus em nosso dia, não podemos apostar que isso acontecerá automaticamente. Boas intenções nunca realizaram coisa alguma. Nesta lição, analisaremos passagens nas Escrituras que falam sobre uma vida intencional e sábia. As Escrituras usam expressões como "prepare sua mente", "propósito do coração" e "ordene seus caminhos". Hoje em dia, diríamos que precisamos tomar uma atitude, planejar com antecipação, manter a rotina e adquirir o hábito de passar um tempo com Deus — todos os dias.

1. Comecemos com Provérbios 16:20. Quem encontrará o bem? Quem será feliz?

DIAS INTENCIONAIS

2. Cada plano sólido começa com pesquisas. Se você pretende viver para a glória de Deus, as Escrituras precisam ser seu ponto de partida. O que devemos fazer, segundo 1João 3:22?

3. Para ver de outra forma, dê uma olhada nas palavras de Jesus em João 14:15. O que uma seguidora de Jesus deve fazer se ela o amar?

4. Não há como ficar em cima do muro em questões espirituais. Com Deus é tudo ou nada. Para o que Paulo nos chama em Romanos 6:16? Quais são as duas opções que temos?

> *Há dias em que estou tão ocupada vivendo a vida, que eu não tenho tempo de sentir qualquer coisa. Eu sigo o fluxo sem pensar muito, tentando fazer minhas coisas. Odeio esse tipo de dias que cumpro minhas obrigações sem consciência, sem senso de propósito. Francamente, luto contra esse sentimento porque considero importante viver plenamente cada momento sempre que possível.*
>
> Luci Swindoll

5. Temos a escolha. Precisamos escolher. Segundo Paulo, em Colossenses 3:2, qual é o caminho mais sábio?

6. Então, podemos fazer uma lista de afazeres para nós mesmas? "Item número um: glorificar a Deus hoje. Item número dois: estudar a Bíblia para descobrir o que agrada a Deus. Item número três: obedecer a Deus." Gostamos de listas. Na verdade, aposto que você já decorou algumas. Quais são alguns dos itens que estas passagens mencionam?

- Mateus 5:3-10
- Gálatas 5:22-23
- Filipenses 4:8

Você já percebeu como crianças pequenas podem levar tudo ao pé da letra? Pode ser engraçado ou frustrante, mas é sempre interessante ver como a mente delas trabalha. Certa vez, estava tomando café da manhã com um grupo de pessoas quando um pai do nosso grupo perguntou à sua filha como ela havia dormido. Sem hesitar, ela inclinou a cabeça para o lado, fechou os olhos e começou a roncar levemente. Nós todos rimos de sua resposta literal.

DIAS INTENCIONAIS

Mas há ocasiões em que uma abordagem literal pode ser frustrante. Por exemplo: quando eu digo aos meus filhos que a sala precisa de uma limpeza, costumo dizer algo como: "Vejam essa bagunça! Garotos, guardem seus brinquedos." Depois de algum tempo, eles vêm e me dizem que acabaram, e eu vou lá checar seu trabalho. Sim, todos os brinquedos estão na caixa, mas os livros, revistas e bichinhos de pelúcia continuam espalhados pela sala. Quando falo isso para eles, eles respondem inocentemente: "Mas você nos mandou guardar os brinquedos!" Essa é a natureza humana!

Creio que seja esta a razão pela qual Deus nunca nos deu uma lista. Deus não diz: "Se você fizer isso, e isso, e isso, você está garantida." Veja bem, listas nunca são completas. Sempre apresentam brechas. Os fariseus tentaram se aproveitar disso, e Jesus os chamou de ninho de víboras. As instruções que Deus dá são abertas. Deus nos disse que devemos confiar nele e obedecer a ele. Viver dessa forma significa viver com sabedoria.

7. Com a Palavra de Deus como guia, podemos fazer as escolhas certas. Podemos viver com sabedoria. Relacione o capítulo e versículo em Provérbios à característica de uma pessoa sábia mencionada ali.

> *Quando pedimos sabedoria, todo tipo de coisas começa a acontecer. Coisas que não havíamos planejado. Deus invade nossa vida como uma enchente, alterando nosso mundo, mudando as coisas que nós prezávamos, reestruturando relacionamentos, tirando um desejo e acrescentando outro, realinhando nossas prioridades. Deus nos faz amadurecer!*
>
> Luci Swindoll

ADORANDO A DEUS COM SUA VIDA

____ Provérbios 1:5   a. receptivo ao ensino

____ Provérbios 9:9   b. capaz de controlar as emoções

____ Provérbios 10:19   c. evita a tentação

____ Provérbios 11:30   d. sempre aprendendo

____ Provérbios 13:20   e. aceita correção

____ Provérbios 14:16   f. esolhe amigos sábios

____ Provérbios 17:10   g. sabe quando permanecer em silêncio

____ Provérbios 29:11   h. conquista pessoas para o Senhor

8. Você acha que ainda lhe falta sabedoria? Jamais desanime! Existe um versículo na Bíblia também para isso! Dê uma olhada em Tiago 1:5. O que esta passagem promete?

PARA APROFUNDAR O TEMA

Voltemos para Filipenses hoje e contemplemos a lista sugerida por Paulo.

Finalmente, irmãos, tudo o que for verdadeiro, tudo o que for nobre, tudo o que for correto, tudo o que for puro, tudo o que for amável, tudo o que for de boa fama, se houver algo de excelente ou digno de louvor, pensem nessas coisas. (Filipenses 4:8)

DIAS INTENCIONAIS

Invista alguns minutos para transformar isso em sua própria lista. Era sobre esse tipo de coisas que Paulo falava quando nos incentivou a concentrar nossa mente nas coisas acima mencionadas — em coisas santas e sagradas. Por que não usar essa lista como base para sua oração de hoje? Aplique cada item a si mesma e guarde-os em seu coração. Volte sua mente para Deus e medite sobre essas coisas nos próximos dias.

Para ponderar e orar

Invista alguns minutos e escreva uma oração baseada em Filipenses 4:8.

Joias para guardar

Precisamos ser sábias em nossas escolhas e intencionais com o nosso tempo se quisermos viver uma vida para a glória de Deus. Para lembrar-nos dessas coisas, nosso presente desta semana é emprestado do velho clichê da "coruja sábia". (Gosto mais da coruja do que da expressão mais bíblica "sábios como serpentes".) Que essa pequena criatura mantenha seus pensamentos voando para o alto, pois é para lá que eles precisam se voltar — para as coisas do alto.

ANOTAÇÕES E PEDIDOS DE ORAÇÃO

CAPÍTULO 12

VIVENDO PARA SUA GLÓRIA

Sirvam aos seus senhores de boa vontade,
como ao Senhor, e não aos homens.

(Efésios 6:7)

Mordomos sempre me fascinaram. Se eu tivesse condições, eu contrataria um mordomo inglês à moda antiga imediatamente. Não consigo imaginar um cavalheiro mais digno do que um mordomo em seu terno.

Mordomos são sempre educados, agradáveis, arrumados. Todo o propósito de sua vida é servir — estar sempre pronto para satisfazer qualquer desejo. Um bom mordomo sabe do que você precisa antes de você saber. Com um gesto invisível de sua luva, um copo de água aparece do nada e o copo vazio desaparece. Mordomos agem em seu nome, abrem a porta e chamam o carro para você. Eles são imperceptíveis — atravessam a sala cheia de convidados como se fossem invisíveis e desaparecem quando terminam o trabalho.

TIRANDO AS TEIAS DE ARANHA

Mordomos costumam aparecer muito na literatura, especialmente nos romances policiais que se passam nas regiões rurais da Inglaterra. É por isso que ainda dizemos: "O culpado é o mordomo." Eu pessoalmente gosto do Alfred — o mordomo de Bruce Wayne. Você tem um mordomo favorito?

ADORANDO A DEUS COM SUA VIDA

O que me fascina nos mordomos é que eles parecem nunca precisar de elogios pelo que fazem. Aceitam seu papel de servo e até se orgulham de cumpri-lo sem serem percebidos. Jamais um mordomo atrairia atenção para si mesmo —"Ei, olhe para mim! Gostaram do meu trabalho? Não sou maravilhoso?" Não! Isso seria indigno, inapropriado, algo que não se faz.

> *Quando confiamos em Deus para além de nossa zona de conforto, qualquer coisa pode acontecer, em qualquer lugar. E algumas vezes aquilo que acontece é simplesmente maravilhoso.*
>
> Luci Swindoll

Por isso, quando penso em dar minha vida para a glória de Deus como mulher cristã tranquila e gentil, tenho esse ideal em mente. Quero que meu comportamento seja igual ao de duas pessoas: Jesus e o mordomo inglês. Quero seguir o exemplo de Jesus por causa de seu foco, sua compaixão e sua dependência do Pai. E quero seguir o exemplo do mordomo por causa de seu silêncio, sua disposição de servir e sua humildade.

1. Como sempre, Jesus aponta o caminho. Dê uma olhada no papel que ele desempenhou durante sua vida na terra:

- Como Deus chama Jesus em Mateus 12:18?
- Segundo Marcos 10:45, qual foi o propósito da vinda de Jesus?
- Em Lucas 22:27, como Jesus descreve sua posição aos discípulos?

108

Vivendo para sua glória

2. O que Jesus diz em João 12:26 àqueles que querem seguir seu exemplo e tornar-se servos de Cristo?

> *Sei que quero ser mais do que sou hoje. Isso significa que preciso usar meu tempo com sabedoria, buscar discernimento e saborear o aroma de cada momento delicioso que me é atribuido.*
>
> Patsy Clairmont

3. Segundo Paulo, em Romanos 12:1, como devemos nos oferecer para o serviço de Deus?

4. Aqui estão alguns versículos sobre algumas das exigências para o serviço de Deus:

- A quem devemos servir, segundo Mateus 4:10?
- A quem servimos, segundo Paulo em Colossenses 3:24?
- O que Jesus deixa bem claro em Mateus 6:24?

Adorando a Deus com sua vida

Não trazemos honra ao nosso Pai celestial por causa da nossa aparência reluzente ou nossa auréola dourada. Isso cabe aos anjos. Mas a nossa fidelidade traz glória a Deus. Na verdade, os anjos são fascinados com nossa vida. Provavelmente, acham que vale mais a pena observar-nos do que assistir a uma novela, com todos os altos e baixos que vivenciamos! Eles estão torcendo por nós. Ficam maravilhados quando veem como amamos Jesus, que nunca vimos. Ficam entusiasmados quando veem como decidimos servir a Deus, apesar do nosso estado pecaminoso. E eles se regozijam conosco quando permanecemos fiéis, a despeito de tudo. Nossa dependência total de Deus é motivo de celebração e de dar glória a Deus por seu plano de redenção perfeito.

> *Comecei a perceber que um dos meus problemas que mais me irritam sou eu mesma. Isso foi uma revelação dolorosa. Como poderia eu ser meu próprio problema? Simples: eu queria estar no controle. No controle de tudo! Eu ficava ressentida com o fato de que Deus também queria estar no controle. Meu desejo de controlar tudo pesava mais do que o desejo de estar conectada até mesmo com ele.*
>
> LuciSwindoll

5. Às vezes, conseguimos extrair pequenas informações de expressões que encontramos aqui e ali na Bíblia. Como Paulo descreve seu relacionamento com Deus em Atos 27:23? E em Romanos 1:9, como Paulo descreve seu serviço a Deus?

Vivendo para sua glória

6. Jesus diz: "Se alguém quiser ser o primeiro, será o último, o servo de todos" (Marcos 9:35). Paulo certamente levou isso a sério. O que ele diz ter feito em 1Coríntios 9:19?

7. Em Lucas 17:9, Jesus diz: "Será que ele [o senhor] agradecerá ao servo por ter feito o que lhe foi ordenado?" Você não recebe pontos extras por fazer algo que precisa fazer. Mas quando um servo demonstra integridade em seu trabalho, mesmo quando o chefe não está por perto, o quadro muda. Como Jesus chama esse tipo de pessoa em Mateus 24:46? E que recomendação essa pessoa receberá segundo Mateus 25:21?

8. Quando chegar o tempo de deixar esta terra e de encontrar nosso Pai celestial pessoalmente, espero que possamos repetir as palavras de Cristo. O que ele disse em João 17:4, pouco antes de encarar a cruz?

ADORANDO A DEUS COM SUA VIDA

Para aprofundar o tema

Dê uma olhada nas palavras de Jesus aos 12 discípulos em João 15:15. O que mudou para eles? O que isso significa para nós?

Já não os chamo servos, porque o servo não sabe o que o seu senhor faz. Em vez disso, eu os tenho chamado amigos, porque tudo o que ouvi de meu Pai eu lhes tornei conhecido. (João 15:15)

Para ponderar e orar

Nesta semana, ao encerrar seu estudo sobre adorar a Deus em sua vida diária, reserve tempo para fazer uma retrospectiva das últimas 12 semanas. Reflita sobre as passagens bíblicas e ore para que o Senhor lhe mostre como aplicá-las e usá-las em sua vida. Peça que Deus a ajude a entrelaçar sua vida com a dele, para que, à medida que você avançar em seu serviço, ele seja glorificado.

Joias para guardar

Você quer servir ao Senhor, e a lição desta semana a convida a fazê-lo com um toque de classe. Você não precisa ser um mordomo para servir bem a Deus, mas você pode demonstrar as mesmas qualidades que associamos àqueles homens servos — dispostos, agradáveis, dignos e humildes. Por isso, seu presente para esta semana é um par de luvas brancas. Use-as com orgulho e encontre meios de servir ao Senhor de maneiras que apenas ele perceberá. Deus será glorificado por seus serviços fiéis, até mesmo por aqueles realizados em silêncio.

VIVENDO PARA SUA GLÓRIA

ANOTAÇÕES E PEDIDOS DE ORAÇÃO

Vamos fazer uma revisão?

Cada capítulo acrescentou um presente ao seu baú de memórias. Lembremos agora as lições que esses presentes guardam para nós!

1. Arroz
Um cereal comum até que seja glorificado. Nosso punhado de arroz serve para lembrar-nos de como toda glória pertence a Deus. É ele quem dá glória, e quando a recebemos, precisamos devolvê-la a ele.

2. Uma moeda de ouro
Deus é mais precioso do que prata e mais caro do que ouro. Glorificamos a Deus porque devemos isso a ele. Este presente quer apontar-nos para Deus e lembrar-nos de que apenas ele é digno de glória.

3. Uma estrela
Os céus proclamam a glória de Deus, e nós podemos fazer o mesmo. Esse pequeno tesouro serve para lembrar-nos do nosso propósito de trazer glória a Deus, por isso, continue cintilando, estrelinha!

4. Um relógio
Quando damos glória a Deus? Esse pequeno presente é nosso lembrete de que todo o nosso dia pertence a Deus, e cada hora, cada minuto e cada momento oferecem uma oportunidade de glorificá-lo. Portanto, faça cada segundo valer a pena!

ADORANDO A DEUS COM SUA VIDA

5. Uma maçã

Às vezes, gostaríamos de servir a Deus de maneira extraordinária. Queremos fazer coisas grandes para ele, mas normalmente ele quer que sejamos fiéis nas coisas pequenas da vida. Este presente é um lembrete de que não podemos apressar o fruto espiritual e que devemos evitar a tentação de amarrar falsas maçãs em nossos galhos, pretendendo ser algo que não somos.

6. Um coração

Todas nós temos dons e lugares tão únicos no corpo de Cristo que é difícil estabelecer um conjunto de regras para o serviço. Portanto, a única maneira correta de glorificar a Deus com nossa vida é servir de todo o coração.

7. Um baú do tesouro

Neste mundo, beleza e riquezas representam grandes tentações para nós, mas quando o assunto é gloriar-se, precisamos nos gloriar no Senhor. Nosso baú do tesouro nos lembra de que nossos tesouros verdadeiros nos esperam no céu.

8. Um apito de pássaros

Que lembrete maravilhoso de como as vozes e a música podem ser elevadas em adoração gloriosa!

Vamos fazer uma revisão?

9. Um pedaço de tecido
Nossa vida é entrelaçada com a vida de outros cristãos, e quando usamos nossos dons na igreja, Deus é glorificado. E, mais do que isso, nossa vida é entrelaçada com a vida de Deus por meio do Espírito, e é a sua força, sua paciência e seu amor que nos permitem servir uns aos outros.

10. Uma agulha
Como cristãs, queremos uma vida tranquila e glórias diárias, sendo Deus um participante ativo no nosso dia. Quando aquietamos nosso coração e nossa mente, podemos ouvir uma agulha cair — e ouvir a voz mansa e suave de Deus nos orientando em seu caminho.

11. Uma coruja
Se quisermos viver para a glória de Deus, precisamos fazê-lo de maneiras intencionais. Este presente é um lembrete de que precisamos ser sábias em nossas decisões, focando nossas mentes nas coisas do alto.

12. Luvas brancas
Podemos pegar emprestada essa parte do uniforme do mordomo como lembrete de como nosso papel é o de um servo. Nossa vida é vivida inteiramente para Deus. Nossa disposição de servir, nosso serviço alegre, nossa obediência fiel, nossa prontidão para agir em seu nome, tudo isso traz glória a Deus.

Respostas às questões dos capítulos

Capítulo 1

1. "Deem ao SENHOR a glória devida ao seu nome. Tragam ofertas e venham à sua presença. Adorem o SENHOR no esplendor da sua santidade" (1Crônicas 16:29). Nós adoramos a Deus por causa da beleza de sua santidade. Mas lembre-se: nós lhe damos glória porque devemos isso a ele. Ele recebe a glória porque a merece.

2. d, c, e, a, b.

3. "Ele recebeu honra e glória da parte de Deus Pai, quando da suprema glória lhe foi dirigida a voz que disse: 'Este é o meu filho amado, em quem me agrado'" (2Pedro 1:17). Deus disse: "Esse é o meu garoto!", e expressou seu agrado pela obediência de Jesus.

4. "O Filho é o resplendor da glória de Deus e a expressão exata do seu ser, sustentando todas as coisas por sua palavra poderosa. Depois de ter realizado a purificação dos pecados, ele se assentou à direita da Majestade nas alturas" (Hebreus 1:3). Jesus é chamado de "resplendor da glória de Deus". Em *A mensagem*, o versículo é traduzido assim: "O Filho reflete perfeitamente que Deus é e está selado com a natureza de Deus." Ele é a imagem do próprio Deus e é igualmente digno de glória. Isso não é novidade. Jesus tem recebido glória desde antes da fundação do mundo (João 17:5).

5. "Depois de dizer isso, Jesus olhou para o céu e orou: 'Pai, chegou a hora. Glorifica o teu Filho, para que o teu Filho te glorifique'" (João 17:1). Quando Deus nos glorifica, ele o faz para que nós devolvamos a glória a ele. Isso faz parte do nosso relacionamento com um Pai celestial maravilhoso.

ADORANDO A DEUS COM SUA VIDA

6. "Da mesma forma, Cristo não tomou para si a glória de se tornar sumo sacerdote, mas Deus lhe disse: 'Tu és meu Filho; eu hoje te gerei'" (Hebreus 5:5). Jesus não teve ambição e planos para atrair os holofotes do mundo. Ele não tentou se glorificar. Ele deixou que Deus cuidasse da glorificação.

7. "Que é o homem, para que com ele te importes? E o filho do homem, para que com ele te preocupes? Tu o fizeste um pouco menor do que os seres celestiais e o coroaste de glória e de honra. E o fizeste dominar sobre as obras das tuas mãos" (Salmos 8:4-6). Nestes versículos, Davi compartilha sua maravilha diante daquilo que Deus pensa sobre nós, visitando-nos e dando-nos um lugar de grande proeminência em toda a criação. Mas isso não foi o suficiente para ele, Deus completou sua obra coroando-nos com glória e honra.

8. "O SENHOR concede favor e honra; não recusa nenhum bem aos que vivem com integridade" (Salmos 84:11). Deus dá graça, que nos salva. Ele dá glória, que podemos devolver a ele. E ele nos dá coisas boas, satisfazendo todas as nossas necessidades. Do que mais uma mulher poderia precisar?

9. "A minha salvação e a minha honra de Deus dependem" (Salmos 62:7).

Respostas às questões dos capítulos

Capítulo 2

1. "Quem é esse Rei da glória? O Senhor dos Exércitos; ele é o Rei da glória!" (Salmos 24:10). Paulo chama Deus de "Pai da glória" em Efésios 1:17. E Tiago se refere ao seu próprio irmão mais velho como "Nosso Senhor Jesus Cristo, o Senhor da glória" (Tiago 2:1).

2. "Não a nós, Senhor, nenhuma glória para nós, mas sim ao teu nome, por teu amor e por tua fidelidade" (Salmos 115:1). Mesmo que a ideia de ser o centro das atenções possa ser atraente, o salmista nos ajuda a recuperar a perspectiva correta. Não se trata de nós. Tudo gira em torno de Deus. Podemos aceitar tudo de suas mãos, contanto que saibamos que aquilo trará mais glória a Deus.

3. "Eu sou o Senhor; esse é o meu nome! Não darei a outro a minha glória nem a imagens o meu louvor" (Isaías 42:8). Deus é perfeito e santo. Os ídolos feitos pelos homens eram inúteis e serviam apenas para revelar a rebeldia de seus corações.

4. "Tu, Senhor e Deus nosso, és digno de receber a glória, a honra e o poder, porque criaste todas as coisas, e por tua vontade elas existem e foram criadas" (Apocalipse 4:11). Quando você começa a contar as grandes obras de Deus, por que não começar do início? Apenas Deus pode reclamar para si mesmo o mérito de ter nos trazido para a existência. Isso já deveria bastar para conquistar nossa devoção.

5. "Cantavam em alta voz: 'Digno é o Cordeiro que foi morto de receber poder, riqueza, sabedoria, força, honra, glória e louvor!'" (Apocalipse 5:12). Jesus fez o sacrifício último por nós, e no fim, todos nós teremos a oportunidade de agradecer-lhe. Ele receberá a glória que merece receber. Neste versículo, Jesus é declarado digno de receber poder, riqueza, sabedoria, força, honra, glória e louvor.

Adorando a Deus com sua vida

6. "Os céus proclamam a sua justiça, e todos os povos contemplam a sua glória" (Salmos 97:6). A criação manifesta de forma maravilhosa o poder e a criatividade de Deus e sua atenção aos detalhes. Sua excelência — sua mera existência — lhe traz glória.

7. "Peço-te que me mostres a tua glória" (Êxodo 33:18). Moisés queria ver Deus pessoalmente e ousou fazer esse pedido. Deus permitiu que ele o visse de relance, mas até mesmo isso foi demais para um simples humano. A glória de Deus é uma coisa maravilhosa!

8. "Eu amo, Senhor, o lugar da tua habitação, onde a tua glória habita" (Salmos 26:8). O coração de Davi responde ao Senhor, e ele adora passar tempo próximo de Deus: "Quero contemplar-te no santuário e avistar o teu poder e a tua glória" (Salmos 63:2). Quando o povo queria ser lembrado da fidelidade de Deus e ser encorajado em sua fé, bastava que olhasse em direção ao santuário. Lá repousava a glória de Deus.

9. "Quando todos os israelitas viram o fogo descendo e a glória do Senhor sobre o templo, ajoelharam-se no pavimento, chegando o rosto ao chão, adoraram e deram graças ao Senhor, dizendo: 'Ele é bom; o seu amor dura para sempre'" (2Crônicas 7:3). Deus é digno de toda glória. Algum dia, teremos a oportunidade de nos prostrar diante dele. Então poderemos adorar e louvá-lo em pessoa. Até então, contentemo-nos dando-lhe a glória agora e perseverando na nossa fé de que Deus é sempre bom.

10. "E a terra se encherá do conhecimento da glória do Senhor, como as águas enchem o mar" (Habacuque 2:14). A glória de Deus não será ignorada. Algum dia, ela preencherá a terra de forma que todos a conhecerão. Ela cobrirá a terra como água.

RESPOSTAS ÀS QUESTÕES DOS CAPÍTULOS

Capítulo 3

1. "Tragam todo o que é chamado pelo meu nome, a quem criei para a minha glória, a quem formei e fiz" (Isaías 43:7). Ahá! Eureca! Entendemos! As pessoas foram feitas para a glória de Deus. Nosso propósito aqui na terra é glorificar a Deus.

2. "Os céus declaram a glória de Deus; o firmamento proclama a obra das suas mãos" (Salmos 19:1). As estrelas que tanto admiramos no céu trazem glória a Deus. Sem falar dos planetas, dos cometas, das estrelas cadentes, da Via Láctea, das galáxias distantes e da dança da aurora boreal.

3. "Depois ouvi todas as criaturas existentes no céu, na terra, debaixo da terra e no mar, e tudo o que neles há, que diziam: 'Àquele que está assentado no trono e ao Cordeiro sejam o louvor, a honra, a glória e o poder, para todo o sempre!'" (Apocalipse 5:13). Cada ser criado — os do céu e os da terra, todas as criaturas feitas por Deus trarão glória a Deus.

4. Não estamos cumprindo nosso propósito original. Algo deu errado! "Pois todos pecaram e estão destituídos da glória de Deus" (Romanos 3:23). O pecado nos desviou de nosso propósito original. E em decorrência disso, perdemos a glória.

5. "Louvem-no, vocês que temem o SENHOR! Glorifiquem-no, todos vocês, descendentes de Jacó! Tremam diante dele, todos vocês, descendentes de Israel!" (Salmos 22:23). Deus começou com Abraão e seus descendentes. Por meio deles, ele pretendia alcançar o mundo. "Todas as nações que tu formaste virão e te adorarão, SENHOR, glorificarão o teu nome" (Salmos 86:9). O dia virá em que todas as nações darão glória ao nome de Deus: "toda língua confesse que Jesus Cristo é o SENHOR, para a glória de

ADORANDO A DEUS COM SUA VIDA

Deus Pai" (Filipenses 2:11). No fim, ninguém resistirá. Cada joelho se dobrará e cada língua confessará — para a glória de Deus.

6. "E todos nós, que com a face descoberta contemplamos a glória do SENHOR, segundo a sua imagem estamos sendo transformados com glória cada vez maior, a qual vem do SENHOR, que é o Espírito" (2Coríntios 3:18). Quando somos salvos, finalmente somos capazes de dar a glória a Deus segundo nossa obrigação. Mas Deus não parou por aí. Dia após dia, pouco a pouco, Deus nos transforma em sua própria imagem. O Espírito está operando em nosso coração e em nossa vida para realizar isso. E, à medida que somos transformados "com glória cada vez maior", Deus recebe mais glória ainda por causa da excelência de sua obra.

7. "Vocês foram comprados por alto preço. Portanto, glorifiquem a Deus com o corpo de vocês" (1Coríntios 6:20). Quando Deus providenciou nossa salvação, ele pagou um preço alto por isso. Paulo compara nossa redenção à aquisição de nossa vida por Deus pelo sacrifício de Jesus em nosso lugar. Fomos comprados, portanto, devemos tudo a Deus. Agora, nossa vida deveria ser vivida com a glória de Deus como nossa prioridade mais alta.

8. "Clame a mim no dia da angústia; eu o livrarei, e você me honrará" (Salmos 50:15). Deus nos salvou, e nós o glorificamos por causa disso. Deus continua a transformar nossa vida, e nós lhe damos glória por isso também. Nesse versículo, vemos que Deus ouve e responde nossas orações. Quando ele age por nós, respondendo ao nosso clamor, temos mais uma razão para glorificá-lo. E você pode inverter isso também. Uma das razões pelas quais Deus responde as orações é para que o mundo veja sua obra gloriosa na vida daqueles que pertencem a ele. Compartilhe esses louvores! Orações respondidas são oportunidades de devolver a glória a Deus.

RESPOSTAS ÀS QUESTÕES DOS CAPÍTULOS

9. "Àquele que é poderoso para impedi-los de cair e para apresentá-los diante da sua glória sem mácula e com grande alegria, ao único Deus, nosso Salvador, sejam glória, majestade, poder e autoridade, mediante Jesus Cristo, nosso SENHOR, antes de todos os tempos, agora e para todo o sempre! Amém" (Judas vv. 24-25). Deus impede que nós tropecemos, e algum dia ele nos apresentará sem mácula. Por causa disso, Judas atribui glória, majestade, domínio e poder a Deus.

Capítulo 4

1. "Deem glória, pois, ao SENHOR no Oriente, e nas ilhas do mar exaltem o nome do SENHOR, o Deus de Israel" (Isaías 24:15). A primeira coisa a se fazer de manhã é começar a glorificar a Deus. Quando você acordar, volte seus pensamentos para ele.

2. "Acorde, minha alma! Acordem, harpa e lira! Vou despertar a alvorada! Eu te louvarei, ó SENHOR, entre as nações; cantarei teus louvores entre os povos. Pois o teu amor é tão grande que alcança os céus; a tua fidelidade vai até às nuvens. Sê exaltado, ó Deus, acima dos céus! Sobre toda a terra esteja a tua glória!" (Salmos 57:8-11). Davi se levanta antes do raiar do sol, e o som de sua harpa saúda a primeira luz do sol da manhã. Muitas mulheres acordam cedo para ter uma preciosa meia hora com o Senhor antes de a casa despertar.

3. "Tremem os habitantes das terras distantes diante das tuas maravilhas; do nascente ao poente despertas canções de alegria" (Salmos 65:8). Os pensamentos de Deus podem servir como capas de livro para seu dia. Entrar em contato com ele nas manhãs e nas noites pode dar-lhe razão para regozijar.

ADORANDO A DEUS COM SUA VIDA

4. "Quando me deito lembro-me de ti; penso em ti durante as vigílias da noite" (Salmos 63:6). "Fico acordado nas vigílias da noite, para meditar nas tuas promessas" (Salmos 119:148). Muitas vezes passamos a noite em claro. Esses momentos de atenção noturna podem se tornar oportunidade de oração e louvor.

5. "Em Deus nos gloriamos o tempo todo, e louvaremos o teu nome para sempre" (Salmos 44:8). "Sem cessar exultam no teu nome, e alegram-se na tua retidão" (Salmos 89:16). Você adivinhou! Podemos dar glória a Deus o dia todo.

6. "Quanto a mim, para sempre anunciarei essas coisas; cantarei louvores ao Deus de Jacó" (Salmos 75:9). Daremos glória a Deus durante toda a nossa vida.

7. "A nosso Deus e Pai seja a glória para todo o sempre. Amém" (Filipenses 4:20). Jamais esgotaremos nossas oportunidades de dar toda a glória a Deus. Teremos a eternidade.

8. "Pois a Escritura diz ao faraó: 'Eu o levantei exatamente com este propósito: mostrar em você o meu poder, e para que o meu nome seja proclamado em toda a terra'" (Romanos 9:17). Até mesmo não cristãos encontram seu lugar no plano de Deus e exercem seu papel trazendo glória para Deus. É um consolo lembrar-se de que, mesmo quando erramos, Deus é capaz de juntar as peças e usá-las para o nosso bem e para a sua glória.

9. Sim, podemos voltar nossos pensamentos para Deus em qualquer momento do dia, mas uma mulher sábia reservará tempos regulares para meditação, oração e adoração. Cada uma de nós é diferente, e não há uma hora certa no dia, mas faça um esforço de marcar um encontro com Deus todos os dias, e não o cancele!

Respostas às questões dos capítulos

Capítulo 5

1. "Perpetuarei a tua lembrança por todas as gerações; por isso as nações te louvarão para todo o sempre" (Salmos 45:17). Isso é fazer coisas em grande escala! E mais: Davi alcançou essa meta, porque era algo que Deus havia colocado em seu coração. Davi glorificou o Senhor realizando o propósito de Deus para a sua vida.

2. "Apenas cuidado! Muito cuidado, para que vocês nunca se esqueçam das coisas que os seus olhos viram; conservem-nas na memória por toda a sua vida. Contem-nas a seus filhos e a seus netos" (Deuteronômio 4:9). Nossos filhos e netos, os filhos e netos de nossas amigas podem ter suas vidas transformadas por Deus se nós lhes mostrarmos o caminho e os apresentarmos ao Salvador.

3. "Mesmo não o tendo visto, vocês o amam; e apesar de não o verem agora, creem nele e exultam com alegria indizível e gloriosa, pois vocês estão alcançando o alvo da sua fé, a salvação das suas almas" (1Pedro 1:8-9). Você entende que o simples fato de você amar Jesus traz glória a Deus?

4. "Ele te pediu vida, e tu lhe deste! Vida longa e duradoura. Pelas vitórias que lhe deste, grande é a sua glória; de esplendor e majestade o cobriste. Fizeste dele uma grande bênção para sempre e lhe deste a alegria da tua presença" (Salmos 21:4-6). Nossa salvação traz glória a Deus. Somos a prova viva de que Jesus derrotou o pecado e a morte. Nossa vida eterna com o nosso Senhor será um testemunho constante da grandeza de Deus. Trazemos glória a Deus por meio da nossa fé!

5. "Quem é fiel no pouco, também é fiel no muito, e quem é desonesto no pouco, também é desonesto no muito" (Lucas 16:10).

Adorando a Deus com sua vida

Talvez, haja "muito" no nosso futuro. Mas o futuro está nas mãos de Deus, e nós somos responsáveis pelo "pouco" que nos foi dado. Se não formos fiéis no pouco, jamais receberemos a responsabilidade para muito.

6. "Assim o nome de nosso Senhor Jesus será glorificado em vocês, e vocês nele, segundo a graça de nosso Deus e do Senhor Jesus Cristo" (2Tessalonicenses 1:12). Não importa para onde você possa ir ou o que você possa fazer, se você é cristã, Jesus pode ser glorificado em sua vida. E você é glorificada nele. De certa forma, você se beneficia da reputação dele, mas as pessoas também tiram suas conclusões sobre Jesus com base em seu testemunho.

7. "Assim brilhe a luz de vocês diante dos homens, para que vejam as suas boas obras e glorifiquem ao Pai de vocês, que está nos céus" (Mateus 5:16). Viva de tal forma que você se destaque da multidão como uma luz na escuridão. Outros serão atraídos para você e perguntarão com curiosidade por que você é tão diferente. Então você poderá contar-lhes sobre Jesus.

8. "Ele dará vida eterna aos que, persistindo em fazer o bem, buscam glória, honra e imortalidade" (Romanos 2:7). Ele afirma também como aqueles que seguem o caminho egoísta sofrerão ira e indignação de Deus. Portanto, fique do lado do Salvador, irmã! O caminho dele pode não ser fácil, mas é, de longe, o melhor.

9. "Se alguém fala, faça-o como quem transmite a palavra de Deus. Se alguém serve, faça-o com a força que Deus provê, de forma que em todas as coisas Deus seja glorificado mediante Jesus Cristo, a quem sejam a glória e o poder para todo o sempre. Amém" (1Pedro 4:11). Em outras palavras, use o dom que Deus lhe deu. Faça o trabalho que lhe é dado agora. E faça tudo "para a glória de Deus" (1Coríntios 10:31). Viver dessa forma significa glorificar a Deus.

RESPOSTAS ÀS QUESTÕES DOS CAPÍTULOS

Capítulo 6

1. "Respondeu Jesus: 'Eu sou o caminho, a verdade e a vida. Ninguém vem ao Pai, a não ser por mim'" (João 14:6). Não podemos glorificar a Deus se não viermos primeiro para ele, e existe apenas um caminho de fazer isso — por meio de Jesus.

2. "Seu divino poder nos deu todas as coisas de que necessitamos para a vida e para a piedade, por meio do pleno conhecimento daquele que nos chamou para a sua própria glória e virtude" (2Pedro 1:3). Deus nos deu tudo de que precisamos para viver para a sua glória. Confie em sua força, orientação, encorajamento e inspiração para tudo aquilo que a vida exige de nós.

3. "Ame o Senhor, o seu Deus de todo o seu coração, de toda a sua alma, de todo o seu entendimento e de todas as suas forças" (Marcos 12:30). Jesus nos lembra de que devemos dar a Deus o nosso amor.

4. "Confie no SENHOR de todo o seu coração e não se apoie em seu próprio entendimento" (Provérbios 3:5). Nem sempre conseguimos entender tudo, mas podemos colocar nossa confiança em Deus. Ele nos sustentará.

5. "Dá-me entendimento, para que eu guarde a tua lei e a ela obedeça de todo o coração" (Salmos 119:34). "Os arrogantes mancharam o meu nome com mentiras, mas eu obedeço aos teus preceitos de todo o coração" (Salmos 119:69). "Portanto, se vocês obedecerem fielmente aos mandamentos que hoje lhes dou, amando o SENHOR, o seu Deus, e servindo-o de todo o coração e de toda a alma" (Deuteronômio 11:13). O tema comum a todos é a obediência. Deus pede que nós lhe obedeçamos de todo coração.

ADORANDO A DEUS COM SUA VIDA

6. Nestes versículos, Davi suplica ao Senhor com todo seu coração e clama a Deus. Em outras palavras, ele ora com todo seu coração. Ele ora, e o Senhor ouve.

7. "Aleluia! Darei graças ao SENHOR de todo o coração" (Salmos 111:1). Precisamos de louvores que vêm de todo coração!

8. "Não deixem de seguir o SENHOR, antes, sirvam o SENHOR de todo o coração... Somente temam o SENHOR e o sirvam fielmente de todo o coração; e considerem as grandes coisas que ele tem feito por vocês" (1Samuel 12:20, 24). Devemos também servir a Deus.

9. "E lá procurarão o SENHOR, o seu Deus, e o acharão, se o procurarem de todo o seu coração e de toda a sua alma" (Deuteronômio 4:29). Podemos ter certeza de que encontraremos Deus se o buscarmos de todo coração. Deus nos diz pessoalmente como aqueles que o buscam o encontrarão. E aquele que busca o Senhor é chamado de feliz e abençoado.

Capítulo 7

1. "Portanto, quando você der esmola, não anuncie isso com trombetas, como fazem os hipócritas nas sinagogas e nas ruas, a fim de serem honrados pelos outros. Eu lhes garanto que eles já receberam sua plena recompensa" (Mateus 6:2). Até mesmo uma coisa boa perde seu valor quando é feita pelo motivo errado.

2. "Toda a humanidade é como a relva, e toda a sua glória, como a flor da relva; a relva murcha e cai a sua flor" (1Pedro 1:24). Não importa o quanto tentamos nos agarrar à glória, descobriremos que ela esvanece rapidamente. A glória não nos pertence, precisamos devolvê-la a Deus.

Respostas às questões dos capítulos

3. "Assim diz o Senhor: 'Não se glorie o sábio em sua sabedoria nem o forte em sua força nem o rico em sua riqueza, mas quem se gloriar, glorie-se nisto: em compreender-me e conhecer-me, pois eu sou o Senhor, e ajo com lealdade, com justiça e com retidão sobre a terra, pois é dessas coisas que me agrado', declara o Senhor" (Jeremias 9:23-24). A única fonte de glória que temos é conhecer Deus e entendê-lo melhor.

4. "Portanto, eu me glorio em Cristo Jesus, em meu serviço a Deus" (Romanos 15:7). A razão de Paulo para se gloriar vinha de duas fontes. Ele podia gloriar-se em Jesus — aquele que chamou sua atenção na estrada para Damasco e o salvou de si mesmo. E Paulo se gloriou nas coisas pertencentes a Deus. Pare para pensar um momento em todas as coisas sobre as quais nós podemos regozijar e nas quais podemos nos gloriar: o amor de Deus por nós, seus planos para nós, sua graça, suas dádivas, seu perdão, sua paciência — poderíamos continuar assim por muito tempo!

5. "Aquele que fala por si mesmo busca a sua própria glória, mas aquele que busca a glória de quem o enviou, este é verdadeiro; não há nada de falso a seu respeito" (João 7:18). Algumas pessoas passam pela vida tentando conquistar glória para si mesmas. Os fariseus acusaram Jesus disso. Mas Jesus declarou que ele procura glorificar somente Deus. Quando temos isso como nosso objetivo na vida, seguimos os passos de Jesus.

6. "A beleza de vocês não deve estar nos enfeites exteriores, como cabelos trançados e joias de ouro ou roupas finas. Pelo contrário, esteja no ser interior, que não perece, beleza demonstrada num espírito dócil e tranquilo, o que é de grande valor para Deus" (1Pedro 3:3-4). Deus não vê a aparência das pessoas. Ele vê o coração (1Samuel 16:7). E ele avalia a personalidade escondida.

131

Deus prefere espíritos mansos e dóceis. Uma mulher adornada assim é preciosa aos seus olhos.

7. "Alegrem-se os justos no SENHOR e nele busquem refúgio; congratulem-se todos os retos de coração" (Salmos 64:10). A pessoa que se gloria no Senhor é descrita como uma pessoa justa, de coração reto e que confia em Deus. Essas qualidades dificilmente seriam consideradas glamourosas pelo mundo, mas elas são aceitáveis para Deus.

8. "A beleza é enganosa, e a formosura é passageira; mas a mulher que teme ao SENHOR será elogiada" (Provérbios 31:30). Sempre haverá pessoas para as quais um rosto lindo vale mais do que qualquer outra coisa, mas haverá também aquelas que não julgam pelas aparências. O temor do Senhor é mais amável do que qualquer beleza externa.

9. "Não acumulem para vocês tesouros na terra, onde a traça e a ferrugem destroem, e onde os ladrões arrombam e furtam. Mas acumulem para vocês tesouros no céu, onde a traça e a ferrugem não destroem, e onde os ladrões não arrombam nem furtam" (Mateus 6:19-20). A mensagem é clara — glorie-se em Deus e nas coisas dele. Quando coisas passageiras, como riqueza e beleza, nos desviam desse propósito, estamos investindo nosso tempo e nossa energia em coisas que serão tiradas de nós. Jesus diz que precisamos acumular tesouros, mas esses tesouros precisam ser celestiais, não podem ser terrenos.

10. "Contudo, 'quem se gloriar, glorie-se no Senhor', pois não é aprovado quem a si mesmo se recomenda, mas aquele a quem o Senhor recomenda" (2Coríntios 10:17-18). A glória pertence a Deus. Devemos gloriar-nos apenas nele. Se assim procedermos, o Senhor pessoalmente nos recomendará.

Respostas às questões dos capítulos

Capítulo 8

1. "Em seu tabernáculo oferecerei sacrifícios com aclamações; cantarei e louvarei ao SENHOR" (Salmos 27:6). Davi queria agradecer a Deus por salvá-lo do inimigo. É como o velho hino americano: "Trazemos sacrifícios de louvor para a casa do Senhor..." Hoje em dia, não precisamos mais de sacrifícios, mas o nosso sacrifício de alegria é o cântico que elevamos em louvor e ação de graças a Deus que nos salvou.

2. "Regozijem-se os seus fiéis nessa glória e em seus leitos cantem alegremente" (Salmos 149:5). Alguns cânticos surgem de um coração repleto de gratidão, como o salmo de Davi na pergunta anterior. Outros cânticos, porém, são inspirados por uma alegria que não pode ser contida. Em *A Mensagem*, o mesmo versículo é traduzido assim: "Os que amam de verdade irrompem em louvor, cantam onde quer que estejam sentados."

3. "Para que com um só coração e uma só boca vocês glorifiquem ao Deus e Pai de nosso Senhor Jesus Cristo" (Romanos 15:6). Cristãos louvam a Deus com uma só mente e uma só voz. Isso exige um foco na mensagem do nosso cântico — você está prestando atenção nas palavras que saem da sua boca? Paulo encorajou também a unidade que surge por meio da adoração conjunta, pois todos nós devemos ser um na igreja.

4. "Cantem de alegria ao SENHOR, vocês que são justos; aos que são retos fica bem louvá-lo. Louvem o SENHOR com harpa; ofereçam-lhe música com lira de dez cordas. Cantem-lhe uma nova canção; toquem com habilidade ao aclamá-lo" (Salmos 33:1-3). Nessa passagem, vozes e instrumentos são mencionados. O salmista descreve uma nova canção para o Senhor, o que implica encontrar caminhos novos e criativos de glorificar a Deus. Os

ADORANDO A DEUS COM SUA VIDA

músicos são hábeis, o que implica excelência em dar nosso melhor a Deus. Os cânticos são cantados com alegria, e a música que disso resulta é descrita como linda. Louvor é algo lindo para Deus.

5. "Tu, porém, és o Santo, és rei, és o louvor de Israel" (Salmos 22:3). Amo este versículo! Quando cantamos, quando adoramos, quando glorificamos a Deus, ele está lá conosco, entronizado nos louvores.

6. "Celebrarão os feitos do SENHOR, pois grande é a glória do SENHOR!" (Salmos 138:5). Cantamos sobre os caminhos do Senhor — sobre quem ele é e o que ele tem feito. Se este é o nosso tema na adoração, ela realmente será gloriosa, pois grande é a glória do Senhor.

7. "Atribuam ao SENHOR, ó seres celestiais, atribuam ao SENHOR glória e força. Atribuam ao SENHOR a glória que o seu nome merece; adorem o SENHOR no esplendor do seu santuário" (Salmos 29:1-2). Dê glória ao Senhor — a glória que lhe é devida.

8. "Louvem a grandeza do nosso Deus!" (Deuteronômio 32:3). "Atribuirei justiça ao meu Criador" (Jó 36:3). "Proclamem o poder de Deus" (Salmos 68:34).

9. "E eu te louvarei com a lira por tua fidelidade, ó meu Deus; cantarei louvores a ti com a harpa, ó Santo de Israel. Os meus lábios gritarão de alegria quando eu cantar louvores a ti, pois tu me redimiste. Também a minha língua sempre falará dos teus atos de justiça, pois os que queriam prejudicar-me foram humilhados e ficaram frustrados" (Salmos 71:22-24). O salmista louva Deus porque ele é fiel ao cumprir suas promessas e porque ele o remiu. Essas duas coisas não só inspiram uma canção, mas suscitam também o desejo de contar aos outros sobre os atos justos de Deus.

RESPOSTAS ÀS QUESTÕES DOS CAPÍTULOS

Capítulo 9

1. "Ame o SENHOR, o seu Deus, de todo o seu coração, de toda a sua alma e de todas as suas forças. Que todas estas palavras que hoje lhe ordeno estejam em seu coração. Ensine-as com persistência a seus filhos. Converse sobre elas quando estiver sentado em casa, quando estiver andando pelo caminho, quando se deitar e quando se levantar. Amarre-as como um sinal nos braços e prenda-as na testa. Escreva-as nos batentes das portas de sua casa e em seus portões" (Deuteronômio 6:5-9). Aqui, Deus pede não só devoção de todo coração, mas também um compromisso de fazer do Senhor uma parte do dia a dia. Sua Palavra deve estar em nossos corações (decorada), e nós devemos falar sobre ela com nossas famílias. Deus e suas Palavras deveriam estar em nossos lábios quando caminhamos (ou dirigimos), ao longo do caminho, quando descansamos em casa, na hora de dormir, no início de cada dia. Mantenha Deus tão próximo de si como suas próprias mãos, e mantenha sua Palavra perante seus olhos. Escreva-as nas suas paredes, se necessário!

2. "Essa doença não acabará em morte; é para a glória de Deus, para que o Filho de Deus seja glorificado por meio dela" (João 11:4). A doença pode glorificar Deus. "Se vocês são insultados por causa do nome de Cristo, felizes são vocês, pois o Espírito da glória, o Espírito de Deus, repousa sobre vocês" (1Pedro 4:14). Ser insultado e ser repreendido pode glorificar Deus. "Jesus disse isso para indicar o tipo de morte com a qual Pedro iria glorificar a Deus" (João 21:19). Deus pode ser glorificado na morte daqueles que pertencem a ele.

3. "Pois os nossos sofrimentos leves e momentâneos estão produzindo para nós uma glória eterna que pesa mais do que todos eles" (2Coríntios 4:17). Não importa quão difícil sua vida possa

135

ADORANDO A DEUS COM SUA VIDA

parecer, no final diremos que foi um sofrimento leve. Diante da eternidade, o sofrimento terá sido efêmero, momentâneo. E então entenderemos como Deus usou essas dificuldades para o bem, trazendo glória ao seu nome por meio delas.

4. "Venham e ouçam, todos vocês que temem a Deus; vou contar-lhes o que ele fez por mim" (Salmos 66:16). Seu testemunho — contar às pessoas como Deus está trabalhando em sua vida — traz glória a Deus.

5. "Eles anunciarão a glória do teu reino e falarão do teu poder" (Salmos 145:11). Fale sobre o que Deus vem fazendo em seu coração. Conte às pessoas o plano de redenção de Deus e o poder por meio do qual ele o executou. Compartilhe com outros suas promessas e como ele as cumpriu.

6. "[...]cheios do fruto da justiça, fruto que vem por meio de Jesus Cristo, para glória e louvor de Deus" (Filipenses 1:11). Quando caminhamos firmemente com o Salvador, ele nos ajuda a mudar e crescer. Isso se torna mais evidente no fruto espiritual que produzimos. Vidas caracterizadas pelo amor, pela alegria, pela paz, pela paciência, pela gentileza, pela bondade, pela fidelidade e pelo autocontrole trazem glória a Deus.

7. "Mesmo assim não duvidou nem foi incrédulo em relação à promessa de Deus, mas foi fortalecido em sua fé e deu glória a Deus" (Romanos 4:20). A fé inabalável de Abraão na capacidade de Deus de manter sua palavra trouxe glória ao nome de Deus. A fé de Abraão foi fortalecida, e ele proclamou o fato de que Deus era o responsável por todas as bençãos que ele desfrutava.

8. "Tudo isso é para o bem de vocês, para que a graça, que está alcançando um número cada vez maior de pessoas, faça

que transbordem as ações de graças para a glória de Deus" (2Coríntios 4:15). A graça fará com que as ações de graças transbordem — ações de graça por Jesus e pela salvação e a vida eterna. E essa postura de gratidão, a despeito da perseguição que nos cerca, trará glória a Deus.

9. "Finalmente, irmãos, orem por nós, para que a palavra do Senhor se propague rapidamente e receba a hora merecida, como aconteceu entre vocês" (2Tessalonicenses 3:1). Paulo pediu aos cristãos que orassem pela evangelização que continuaria por meio de suas viagens missionárias. Sua esperança era que a Palavra de Deus fosse glorificada — confirmada pelas vidas que ela continua a transformar.

10. "Se alguém fala, faça-o como quem transmite a palavra de Deus. Se alguém serve, faça-o com a força que Deus provê, de forma que em todas as coisas Deus seja glorificado mediante Jesus Cristo, a quem sejam a glória e o poder para todo o sempre. Amém" (1Pedro 4:11). Use os dons e as habilidades que Deus lhe deu. Proclame as palavras que Deus lhe colocou na boca. Estenda suas mãos aos outros da mesma forma como Jesus serviu. Uma vida assim trará glória a Deus.

Capítulo 10

1. "O meu Deus suprirá todas as necessidades de vocês, de acordo com as suas gloriosas riquezas em Cristo Jesus" (Filipenses 4:19). Deus providenciará tudo de que você precisa. Em Atos 17:11, os bereanos eram considerados de espíritos nobres. Eles receberam a Palavra de Deus e estudaram as Escrituras todos os dias para garantir que a pregação que ouviam estava alinhada com a Palavra de Deus. "Por amor do teu nome, conduze-me e guia-me" (Salmos 31:3). Deus nos guiará para a sua glória. Pedro diz que

ADORANDO A DEUS COM SUA VIDA

Deus, por meio de seu poder divino, nos deu tudo de que precisamos para a vida e a santidade. Por fim, Deuteronômio diz: "A palavra está bem próxima de vocês; está em sua boca e em seu coração" (30:14). Decore as Escrituras, guarde-as em seu coração e proclame a Palavra, pois nela há poder.

2. "Esforcem-se para ter uma vida tranquila, cuidar dos seus próprios negócios e trabalhar com as próprias mãos, como nós os instruímos" (1Tessalonicenses 4:11). A maioria de nós não foi chamada para viver a nossa fé em grande escala. Somos simplesmente instruídas a ser obedientes e fiéis exatamente onde estamos.

3. "[...]para que tenhamos uma vida tranquila e pacífica, com toda a piedade e dignidade" (1Timóteo 2:2). Nessa descrição, uma vida tranquila é descrita por meio de duas características: piedade e dignidade. Piedade significa viver uma vida que reflete o caráter de Deus, tentando ser igual a Jesus. Dignidade significa ter um temor e respeito adequado de Deus, vivendo uma vida de obediência respeitosa.

4. "Na quietude e na confiança está o seu vigor" (Isaías 30:15). No fim das contas, nossa fonte de força é Deus. Mas não podemos extrair força dele se nós o ignorarmos. Quietude sugere uma postura atenta, livre de preocupações. E confiança é confiança completa, sabendo que Deus está operando para o bem independentemente do que aconteça. É fé.

5. "Parem de lutar! Saibam que eu sou Deus!" (Salmos 46:10). Hoje em dia, um número excessivo de vozes nos cerca. Se quisermos seguir a orientação de Deus, precisamos aprender a ficar quietas e a reconhecer a voz dele. Lembre-se de quando Elias antecipou a voz de Deus: "Depois do terremoto houve um fogo, mas o SENHOR não estava nele. E depois do fogo houve o murmúrio de

RESPOSTAS ÀS QUESTÕES DOS CAPÍTULOS

uma brisa suave" (1Reis 19:12). Até Elias esperava que Deus fosse falar com voz alta, como o terremoto ou o fogo. Mas foi apenas quando tudo caiu em silêncio que Elias conseguiu ouvir sua voz suave. E quando tudo está em silêncio, podemos nos concentrar nas palavras de Deus: "Quer você se volte para a direita quer para a esquerda, uma voz atrás de você lhe dirá: 'Este é o caminho; siga-o'" (Isaías 30:21).

6. "Ó Senhor, dá palavras aos meus lábios, e a minha boca anunciará o teu louvor. Não te deleitas em sacrifícios nem te agradas em holocaustos, se não eu os traria. Os sacrifícios que agradam a Deus são um espírito quebrantado; um coração quebrantado e contrito, ó Deus, não desprezarás... Então te agradarás dos sacrifícios sinceros, das ofertas queimadas e dos holocaustos; e novilhos serão oferecidos sobre o teu altar" (Salmos 51:15-17, 19).

7. "Pois quantas forem as promessas feitas por Deus, tantas têm em Cristo o 'sim'. Por isso, por meio dele, o 'Amém' é pronunciado por nós para a glória de Deus" (2Coríntios 1:20). Deus cumpriu suas promessas — cada uma delas. Ele continuará fazendo isso, e cada promessa cumprida traz glória a ele.

8. "E eu farei o que vocês pedirem em meu nome, para que o Pai seja glorificado no Filho" (João 14:13). Deus é glorificado quando ele responde nossas orações.

Capítulo 11

1. "Quem examina cada questão com cuidado, prospera, e feliz é aquele que confia no Senhor" (Provérbios 16:20). Se você quiser organizar sua vida de modo sábio, você precisa partir da Palavra

de Deus. Quando você obedece à Palavra e confia no Senhor, você é abençoada.

2. "Recebemos dele tudo o que pedimos, porque obedecemos aos seus mandamentos e fazemos o que lhe agrada" (1João 3:22). João diz que os seguidores de Cristo são obedientes e fazem um esforço para fazer as coisas que lhe agradam.

3. "Se vocês me amam, obedecerão aos meus mandamentos" (João 14:15). É difícil ser mais direto do que isso! Dizemos que amamos Deus. Isso é bom! Precisamos demonstrar que também sabemos viver isso!

4. "Não sabem que, quando vocês se oferecem a alguém para lhe obedecer como escravos, tornam-se escravos daquele a quem obedecem: escravos do pecado que leva à morte, ou da obediência que leva à justiça?" (Romanos 6:16). Essa passagem nos chama de escravos. Somos todos servos, mas nós escolhemos a quem servimos. Serviremos ao pecado ou a Deus? Se obedecermos aos nossos instintos egoístas, eles nos levarão para a morte. Se obedecermos a Deus, seremos justos. É um ou outro. Não existe território neutro.

5. "Mantenham o pensamento nas coisas do alto, e não nas coisas terrenas" (Colossenses 3:2). Nós sempre lutamos contra o pecado e o ego — isso faz parte de ser humano. Mas podemos escolher nossos alvos. Podemos escolher nosso caminho. Podemos decidir sobre o que pensamos e o que determina nossas decisões. Paulo diz: "Escolhe Deus!" Concentre sua mente nas coisas do alto.

6. Conhecemos essas passagens. Mateus 5:3-12 são as Bem-aventuranças, Gálatas 5:22-23 cita os frutos do espírito. E Filipenses 4:8 é aquela lista maravilhosa que Paulo nos dá, do tipo de coisas que devemos focar. Quando guardamos esse tipo de

RESPOSTAS ÀS QUESTÕES DOS CAPÍTULOS

passagens em nosso coração, elas nos levam para o caminho certo. Elas nos ajudarão a viver para a glória de Deus.

7. d, a, g, h, f, c, e, b.

8. "Se algum de vocês tem falta de sabedoria, peça-a a Deus, que a todos dá livremente, de boa vontade; e lhe será concedida" (Tiago 1:5). Você tem sabedoria? Se não tiver, Tiago nos diz que Deus a dará para nós. Procure-o nas páginas das Escrituras, e ele continuará a lhe dar sabedoria.

Capítulo 12

1. "Eis o meu servo, a quem escolhi, o meu amado, em quem tenho prazer" (Mateus 12:18). Deus chama Jesus de seu amado, mas ele o chama também de servo — seu próprio servo. Jesus veio para a terra para cumprir a vontade de Deus: "Pois nem mesmo o Filho do homem veio para ser servido, mas para servir" (Marcos 10:45). "Eu estou entre vocês como quem serve" (Lucas 22:27). Jesus nunca vacilou em seu papel. Do início ao fim, ele foi humilde e obediente ao seu Mestre.

2. "Quem me serve precisa seguir-me; e, onde estou, o meu servo também estará. Aquele que me serve, meu Pai o honrará" (João 12:26). Se quisermos servir a Jesus, somos convidados para seguir seu exemplo. Se o fizermos, temos a promessa de que algum dia nos juntaremos a ele, e o Pai honrará nossos esforços. O sacrifício vale a pena.

3. "[...] se ofereçam em sacrifício vivo, santo e agradável a Deus; este é o culto racional de vocês" (Romanos 12:1). Isso soa muito como nosso velho amigo mordomo. Ele desistiu de todos os seus direitos e vive para aquele a quem ele serve. Isso é foco e propósito. Ele não tem outro.

ADORANDO A DEUS COM SUA VIDA

4. "Adore o Senhor, o seu Deus e só a ele preste culto" (Mateus 4:10). Nós servimos a Deus. "É a Cristo, o Senhor, que vocês estão servindo" (Colossenses 3:24). Nós servimos a Jesus. "Ninguém pode servir a dois senhores" (Mateus 6:24). Não podemos ficar em cima do muro, tentando servir a Deus e, ao mesmo tempo, seguindo nossa própria agenda e ambição. Precisamos escolher entre servir a Deus e servir às nossas próprias motivações egoístas.

5. Em Atos 27:23, Paulo diz que ele pertence a Deus e que ele lhe serve. Em Romanos 1:9, Paulo diz que ele serve a Deus com seu espírito.

6. "Porque, embora seja livre de todos, fiz-me escravo de todos, para ganhar o maior número possível de pessoas" (1Coríntios 9:19). A fim de levar mais homens e mulheres para Cristo, Paulo se colocou na posição de servo.

7. O servo fiel é chamado de "abençoado" em Mateus 24:26. E quando o Mestre encontra seu servo em fidelidade quando voltar, a recomendação é maravilhosa. "Muito bem, servo bom e fiel! Você foi fiel no pouco; eu o porei sobre o muito. Venha e participe da alegria do seu senhor!" (Mateus 25:21). O servo fiel não só recebe elogios, como também uma responsabilidade ainda maior por ter se mostrado digno.

8. "Eu te glorifiquei na terra, completando a obra que me deste para fazer" (João 17:4). Amém!

Bibliografia

CLAIRMONT, Patsy. *The Best Devotions of Patsy Clairmont*. Grand Rapids, MI: Zondervan Publishing House, 2001.

JOHNSON, Barbara. *Daily Splashes of Joy*. Nashville, TN: W Publishing Group, 2000.

JOHNSON, Nicole. *Fresh-Brewed Life:* A Stirring Invitation to Wake up Your Soul. Nashville, TN: Thomas Nelson, Inc., 2001.

JOHNSON, Nicole. *Keeping a Princess Heart in a Not-So-Fairy-Tale World*. Nashville, TN: W Publishing Group, 2003.

MEBERG, Marilyn. *The Best Devotions of Marilyn Meberg*. Grand Rapids, MI: Zondervan Publishing House, 2001.

SWINDOLL, Luci. *I Married Adventure*. Nashville, TN: W Publishing Group, 2003.

WALSH, Sheila. *The Best Devotions of Sheila Walsh and Unexpected Grace*. Grand Rapids, MI: Zondervan Publishing House, 2001.

WELLS, Thelma. *The Best Devotions of Thelma Wells*. Grand Rapids, MI: Zondervan Publishing House, 2001.

Este livro foi impresso no Rio de Janeiro, em 2021,
pela BMF, para a Thomas Nelson Brasil.
A fonte usada no miolo é Cochin, corpo 10.

O papel do miolo é polen soft $80g/m^2$, e o da capa é
cartão $250g/m^2$.